COLLECTION

FOLIO / ESSAIS

Henri Laborit

Éloge de la fuite

Gallimard

Henri Laborit, d'abord chirurgien, s'orienta ensuite vers la recherche fondamentale. On lui doit l'introduction en thérapeutique de la chlorpromazine, premier « tranquillisant », de l'hibernation artificielle, ainsi que de nombreuses autres molécules à action psychotrope. Ses travaux sur la réaction organique aux agressions ont précisé le mécanisme de certains grands syndromes physiopathologiques et ont apporté des solutions nouvelles à l'anesthésie et à la réanimation. Il dirige le laboratoire d'eutonologie à l'hôpital Boucicaut, qui fonctionne depuis 1958, en dehors de toute institution publique ou privée par les seuls droits d'auteurs de l'exploitation par l'industrie pharmaceutique des brevets pris par le groupe.

La biologie des comportements a conduit Henri Laborit à pénétrer dans le domaine des comportements humains en situation sociale : sciences humaines, psychologie, sociologie, économie et politique.

Dans ce livre, sur un ton simple, celui d'un ami engageant, il dialogue avec nous et nous oblige à nous interroger sur les grandes questions de la vie : la liberté, la mort, le plaisir, les autres, le passé, la foi. Les réponses qu'Henri Laborit donne à nos interrogations sont celles d'un homme de science qui n'est pas resté enfermé dans une discipline et pour qui l'être humain, s'il est unique, est aussi le point où convergent tant de facteurs entrelacés que « comme dans un nœud de vipères, il n'y a plus d'espace libre pour y placer un choix ».

Henri Laborit pose ainsi, à la lumière des découvertes biologiques, la question de notre libre arbitre, de notre personnalité même. La politique, la société, tout prend dès lors une autre dimension.

AVANT-PROPOS

Quand il ne peut plus lutter contre le vent et la mer pour poursuivre sa route, il y a deux allures que peut encore prendre un voilier : la cape (le foc bordé à contre et la barre dessous) le soumet à la dérive du vent et de la mer, et la fuite devant la tempête en épaulant la lame sur l'arrière avec un minimum de toile. La fuite reste souvent, loin des côtes, la seule façon de sauver le bateau et son équipage. Elle permet aussi de découvrir des rivages inconnus qui surgiront à l'horizon des calmes retrouvés. Rivages inconnus qu'ignoreront toujours ceux qui ont la chance apparente de pouvoir suivre la route des cargos et des tankers, la route sans imprévu imposée par les compagnies de transport maritime.

Vous connaissez sans doute un voilier nommé « Désir ».

Autoportrait

C'est la première fois qu'un éditeur me fournit un canevas pour écrire un livre. Je n'aurais sans doute pas accepté de m'y conformer si, chez le même éditeur, je n'avais pas récemment publié un autre ouvrage[1] dont la lecture permettra, je pense, de mieux comprendre le code biologique qui va me servir pour répondre aux questions posées.

La première de celles-ci demande aux auteurs de cette collection un autoportrait. Mais lorsqu'on a passé trente ans de son existence à observer les faits biologiques et quand la biologie générale vous a guidé pas à pas vers celle du système nerveux et des comportements, un certain scepticisme vous envahit à l'égard de toute description personnelle exprimée dans un langage conscient. Tous les autoportraits, tous les mémoires ne sont que des impostures conscientes ou, plus tristement encore, inconscientes.

La seule certitude que cette exploration fait acquérir, c'est que toute pensée, tout jugement, toute pseudo-analyse logique n'expriment que nos désirs inconscients, la recherche d'une valorisation de nous-mêmes à nos yeux et à ceux de nos contemporains. Parmi les relations qui s'établissent à chaque instant présent entre notre système nerveux et le monde qui nous entoure, le monde des autres

1. *La nouvelle grille*, collection « Libertés 2000 » (1974).

hommes surtout, nous en isolons préférentiellement certaines sur lesquelles se fixe notre attention ; elles deviennent pour nous signifiantes parce qu'elles répondent ou s'opposent à nos élans pulsionnels, canalisés par les apprentissages socio-culturels auxquels nous sommes soumis depuis notre naissance. Il n'y a pas d'objectivité en dehors des faits reproductibles expérimentalement et que tout autre que nous peut reproduire en suivant le protocole que nous avons suivi. Il n'y a pas d'objectivité en dehors des lois générales capables d'organiser les structures. Il n'y a pas d'objectivité dans l'appréciation des faits qui s'enregistrent au sein de notre système nerveux. La seule objectivité acceptable réside dans les mécanismes invariants qui régissent le fonctionnement de ces systèmes nerveux, communs à l'espèce humaine. Le reste n'est que l'idée que nous nous faisons de nous-mêmes, celle que nous tentons d'imposer à notre entourage et qui est le plus souvent, et nous verrons pourquoi, celle que notre entourage a construit en nous.

Nous ne vivons que pour maintenir notre structure biologique, nous sommes programmés depuis l'œuf fécondé pour cette seule fin, et toute structure vivante n'a pas d'autre raison d'être, que d'être. Mais pour être elle n'a pas d'autres moyens à utiliser que le programme génétique de son espèce. Or, ce programme génétique chez l'Homme aboutit à un système nerveux, instrument de ses rapports avec l'environnement inanimé et animé, instrument de ses rapports sociaux, de ses rapports avec les autres individus de la même espèce peuplant la niche où il va naître et se développer. Dès lors, il se trouvera soumis entièrement à l'organisation de cette dernière. Mais cette niche ne pénétrera et ne se fixera dans son système nerveux que suivant les caractéristiques structurales de celui-ci. Or, ce système nerveux répond d'abord aux nécessités urgentes, qui permettent le maintien de la structure d'ensemble de l'organisme. Ce faisant, il répond à ce que nous appelons les *pulsions,* le principe de plaisir, la recherche de l'équilibre biologique, encore que la notion d'équilibre soit une notion qui demande à être précisée. Il permet ensuite, du fait de ses possibilités de *mémorisation,* donc d'*apprentissage,* de connaître ce qui est favorable ou non à l'expression de ces pulsions, compte tenu du code imposé par la structure sociale qui le gratifie, suivant ses actes, par une promotion hiérarchique. Les motivations pulsionnelles, transformées par le contrôle social qui résulte de l'apprentissage des automatismes socio-culturels, contrôle social qui fournit une expression nouvelle à la gratification, au plaisir, seront enfin à l'origine aussi de la mise en jeu de l'imaginaire. *Imaginaire,* fonction spécifiquement humaine qui permet à l'Homme contrairement aux autres espèces animales, d'ajouter de l'information, de transformer le monde qui l'entoure. Imaginaire, seul mécanisme de fuite, d'évitement de l'aliénation environnementale, sociologique en particulier, utilisé aussi bien par le drogué, le psychotique, que par le créateur artistique ou scientifique. Imaginaire dont l'antagonisme fonctionnel avec les automatismes et les pulsions, phénomènes inconscients, est sans doute à l'origine du phénomène de conscience.

Je regrette de devoir fournir cette caricature du fonctionnement nerveux central. Comme ce fonctionnement est à la base de tous nos jugements, de toutes nos actions, il est nécessaire de le rappeler. Nous aurons l'occasion d'ailleurs de revenir sur ce sujet. Mais, aussi longtemps que les connaissances progressives qui le concernent et que nous en avons ne feront pas partie de l'acquis fondamental de tous les hommes, au même titre que le langage dont il est la source (alors que celui-ci exprime surtout notre inconscient sous le déguisement du discours logique), nous ne pourrons pas faire grand-chose. Tout sera toujours noyé dans le verbalisme affectif.

Sachant cela, pouvons-nous faire de nous sans sourire un autoportrait ? Accepter de le faire, n'est-ce pas accepter de fournir sous un discours logique l'expression de nos pulsions maquillées par notre acquis socio-culturel, et notre seule lucidité envers nous-mêmes peut-elle consister en autre chose que de savoir que nous déformons inconsciemment les faits à notre avantage et à celui de l'image que nous tentons de donner aux autres de ce que nous voudrions être ?

De toute façon, au milieu des remaniements bouleversants qui s'amorcent au sein de notre société moderne, je suis persuadé que l'histoire d'un homme et sa finalité n'ont aucun intérêt. Il n'était peut-être pas inutile, quand il s'agit de quelqu'un qui essaie de se présenter aux autres sous le couvert d'un prétendu rigorisme scientifique, que ceux qui l'écoutent ou le lisent et risquent d'être influencés par lui, sachent que derrière tout scientifique ou soi-disant tel, se trouve un homme engagé dans la vie quotidienne. Sa vie sociale a sans doute influencé profondément la vision du monde qui s'est organisée en lui. Un livre comme celui-ci fournira peut-être des arguments péremptoires pour refuser les théories que j'exprime par ailleurs, dans d'autres ouvrages, ou au contraire pour y adhérer plus complètement. Or, ces théories par contre, vraies ou fausses, méritent peut-être qu'on y jette un œil, car elles prétendent aborder un aspect nouveau et fondamental de la condition humaine.

Il me semble que ce qui peut être intéressant dans l'histoire d'une vie, c'est ce qu'elle contient d'universel. Ce ne sont pas les détails particuliers qui l'ont jalonnée, ni la pâte unique de celui qui fut modelé par ces détails, ni la forme changeante qui en est résultée. Ce qui peut être universel, c'est la façon dont le contexte social détermine un individu au point qu'il n'en est qu'une expression particulière.

Si mon autoportrait pouvait présenter quelque intérêt, ce dont je doute, c'est de montrer comment un homme, pris au hasard, a été façonné par son milieu familial, puis par son entourage social, sa classe hiérarchique, culturelle, économique, et n'a pu s'échapper (du moins le croit-il !) de ce monde implacable que par l'accession fortuite à la connaissance, grâce à son métier, des mécanismes fondamentaux qui dans nos systèmes nerveux règlent nos comportements sociaux. L'anecdote n'est là qu'en fioriture, en illustration. Quant à la libido, elle s'exprime sur une scène où les acteurs sont aussi nombreux que les noms qui peuplent un annuaire des téléphones. Chacun de ces acteurs est guidé lui-même par le désir de satisfaire sa propre libido et dans ce réseau serré de libidos entremêlées, je ne suis pas sûr qu'il soit urgent de privilégier la mienne, chacune ayant eu sans doute son expression personnelle dans l'étroit domaine de l'espace-temps au sein duquel elle s'est située. Personne n'est capable d'ailleurs de refaire l'histoire du système nerveux d'un de ses contemporains, à commencer par ce contemporain lui-même. Tout au plus peut-on utiliser ce qu'il vous a dit pour écrire un roman interprétatif.

Ce que l'on peut admettre, semble-t-il, c'est que nous naissons avec un instrument, notre système nerveux, qui nous permet d'entrer en relation avec notre environnement humain, et que cet instrument est à l'origine fort semblable à celui du voisin. Ce qu'il paraît alors utile de connaître, ce sont les règles d'établissement des structures sociales au sein desquelles l'ensemble des systèmes nerveux des hommes d'une époque, héritiers temporaires des automatismes culturels de ceux qui les ont précédés, emprisonnent l'enfant à sa naissance, ne laissant à sa disposition qu'une pleine armoire de jugements de valeur. Mais ces jugements de valeur étant eux-mêmes la sécrétion du cerveau des générations précédentes, la structure et le fonctionnement de ce cerveau sont les choses les plus universelles à connaître. Mais cela est une autre histoire !

Cette connaissance, même imparfaite, étant acquise, chaque homme saura qu'il n'exprime qu'une motivation simple, celle de rester normal. Normal, non par rapport au plus grand nombre, qui soumis inconsciemment à des jugements de valeur à finalité sociologique, est constitué d'individus parfaitement anormaux par rapport à eux-mêmes. Rester normal, c'est d'abord rester normal par rapport à soi-même. Pour cela il faut conserver la possibilité « d'agir » conformément aux pulsions, transformées par les acquis socio-culturels, remis constamment en cause par l'imaginaire et la créativité. Or, l'espace dans lequel s'effectue cette action est également occupé par les autres. Il faudra éviter l'affrontement, car de ce dernier surgira forcément une échelle hiérarchique de dominance et il est peu probable qu'elle puisse satisfaire, car elle aliène le désir à celui des autres. Mais, à l'inverse, se soumettre c'est accepter, avec la soumission, la pathologie psychosomatique qui découle forcément de l'impossibilité d'agir suivant ses pulsions. Se révolter, c'est courir à sa perte, car la révolte si elle se réalise en groupe, retrouve aussitôt une échelle hiérarchique de soumission à l'intérieur du groupe, et la révolte, seule, aboutit rapidement à la suppression du révolté par la généralité anormale qui se croit détentrice de la normalité. Il ne reste plus que la fuite.

Il y a plusieurs façons de fuir. Certains utilisent les drogues dites « psychotogènes ». D'autres la psychose. D'autres le suicide. D'autres la navigation en solitaire. Il y a peut-être une autre façon encore : fuir dans un monde qui n'est pas de ce monde, le monde de l'imaginaire. Dans ce monde on risque peu d'être poursuivi. On peut s'y tailler un vaste territoire gratifiant, que certains diront narcissique. Peu importe, car dans le monde où règne le principe de réalité, la soumission et la révolte, la dominance et le conservatisme auront perdu pour le fuyard leur caractère anxiogène et ne seront plus considérés que comme un jeu auquel on peut, sans crainte, participer de façon à se faire accepter par les autres comme « normal ». Dans ce monde de la réalité, il est possible de jouer jusqu'au bord de la rupture avec le groupe dominant, et de fuir en établissant des relations avec d'autres groupes si nécessaire, et en gardant intacte sa gratification imaginaire, la seule qui soit essentielle et hors d'atteinte des groupes sociaux.

Ce comportement de fuite sera le seul à permettre de demeurer normal par rapport à soi-même, aussi longtemps que la majorité des hommes qui se considèrent normaux tenteront sans succès de le devenir en cherchant à établir leur dominance, individuelle, de groupe, de classe, de nation, de blocs de nations, etc. L'expérimentation montre en effet que la mise en alerte de l'hypophyse et de la corticosurrénale, qui aboutit si elle dure à la pathologie viscérale des maladies dites « psychosomatiques », est le fait des dominés, ou de ceux qui cherchent sans succès à établir leur dominance, ou encore des dominants dont la dominance est contestée et qui tentent de la maintenir. Tous ceux-là seraient alors des anormaux, car il semble peu normal de souffrir d'un ulcère de l'estomac, d'une impuissance sexuelle, d'une hypertension artérielle ou d'un de ces syndromes dépressifs si fréquents aujourd'hui. Or, comme la dominance stable et incontestée est rare, heureusement, vous voyez que pour demeurer normal il ne vous reste plus qu'à fuir loin des compétitions hiérarchiques. Attendez-moi, j'arrive !

L'amour

Avec ce mot on explique tout, on pardonne tout, on valide tout, parce que l'on ne cherche jamais à savoir ce qu'il contient. C'est le mot de passe qui permet d'ouvrir les cœurs, les sexes, les sacristies et les communautés humaines. Il couvre d'un voile prétendument désintéressé, voire transcendant, la recherche de la dominance et le prétendu instinct de propriété. C'est un mot qui ment à longueur de journée et ce mensonge est accepté, la larme à l'œil, sans discussion, par tous les hommes. Il fournit une tunique honorable à l'assassin, à la mère de famille, au prêtre, aux militaires, aux bourreaux, aux inquisiteurs, aux hommes politiques. Celui qui oserait le mettre à nu, le dépouiller jusqu'à son slip des préjugés qui le recouvrent, n'est pas considéré comme lucide, mais comme cynique. Il donne bonne conscience, sans gros efforts, ni gros risques, à tout l'inconscient biologique. Il déculpabilise, car pour que les groupes sociaux survivent, c'est-à-dire maintiennent leurs structures hiérarchiques, les règles de la dominance, il faut que les motivations profondes de tous les actes humains soient ignorés. Leur connaissance, leur mise à nu, conduirait à la révolte des dominés, à la contestation des structures hiérarchiques. Le mot d'amour se trouve là pour motiver la soumission, pour transfigurer le principe du plaisir, l'assouvissement de la dominance. Je voudrais essayer de découvrir ce qu'il peut y avoir derrière ce mot dangereux, ce qu'il cache sous son apparence mielleuse, les raisons millénaires de sa fortune. Retournons aux sources.

Nous rappellerons que la fonction du système nerveux consiste essentiellement dans la possibilité qu'il donne à un organisme d'agir, de réaliser son autonomie motrice par rapport à l'environnement, de telle façon que la structure de cet organisme soit conservée. Pour cela, deux sources d'informations lui sont nécessaires : l'une le renseigne sur les caractéristiques changeantes de l'environnement qui sont captées par les organes des sens et lui sont transmises. L'autre le renseigne sur l'état interne de l'ensemble de la communauté cellulaire organique dont il a mission de protéger la structure en en permettant l'autonomie motrice. Bien que le terme d'équilibre soit faux ou du moins qu'il exige une assez longue diversion pour en préciser le contenu, nous parlerons de recherche de l'équilibre organique, d'homéostasie, ou dans un langage plus psychologique, du bien-être, du plaisir. Les structures les plus primitives du cerveau, l'hypothalamus et le tronc cérébral, suffisent à assurer ce comportement simple d'une action répondant à un stimulus interne que nous dénommerons « pulsion ». C'est un comportement inné, permettant l'assouvissement de la faim, de la soif et de la sexualité.

Avec les premiers mammifères apparaît le système limbique qui va autoriser les processus de mémoire à long terme. Dès lors, les expériences qui résultent du contact d'un organisme avec son environnement ne se perdront pas, elles seront mises en réserve et leur évocation à l'intérieur de cet organisme pourra survenir sans relations de causalité évidente avec les variations survenant dans le milieu extérieur. Elles seront enregistrées comme agréables ou désagréables, les expériences agréables étant celles qui permettent le maintien de la structure de l'organisme, les expériences désagréables celles dangereuses pour lui. Les premières auront tendance à être répétées : c'est ce que l'on appelle le « réenforcement ». Les autres à être évitées. L'action résulte dans tous les cas d'un apprentissage. Ainsi, nous définirons le *besoin* auquel répond l'activité du système nerveux comme la quantité d'énergie et d'information nécessaire au maintien de la structure, soit innée, soit acquise par apprentissage. Le modelage des réseaux neuroniques à la suite d'un apprentissage constitue en effet une structure acquise. Elle est à la base des émotions qui s'accompagnent de réajustements vaso-moteurs et de déplacements de la masse sanguine, suivant les variations d'activité des organes mis en jeu pour réaliser l'action. Le système cardio-vasculaire sous contrôle du système nerveux végétatif permettra cette adaptation. La *motivation* fondamentale des êtres vivants semble donc bien être le maintien de leur structure organique. Mais elle dépendra soit de pulsions, en réponse à des besoins fondamentaux, soit de besoins acquis par apprentissage. Dans un langage psychanalytique, la recherche (pulsionnelle ou résultant de l'apprentissage) de la répétition de l'expérience agréable répond au *principe du plaisir* qui n'est pas ainsi exclusivement sexuel, ou même quand il l'est se trouve occulté, transformé par l'expérience. La connaissance de la réalité extérieure, l'apprentissage des interdits socio-culturels et des conséquences désagréables qu'il peut en coûter de les enfreindre, comme de celles, agréables, dont le groupe social peut récompenser l'individu pour les avoir respectés, répond au *principe de réalité.*

Enfin, avec le *cortex* on accède à l'anticipation, à partir de l'expérience mémorisée des actes gratifiants ou nociceptifs, et à l'élaboration d'une stratégie capable de les satisfaire ou de les éviter respectivement. Il semble donc exister trois niveaux d'organisation de *l'action.* Le *premier,* le plus primitif, à la suite d'une stimulation interne et/ou externe, organise l'action de façon automatique, incapable d'adaptation. Le *second* organise l'action en prenant en compte l'expérience antérieure, grâce à la mémoire que l'on conserve de la qualité, agréable ou désagréable, utile ou nuisible, de la sensation qui en est résultée. L'entrée en jeu de l'expérience mémorisée camoufle le plus souvent la pulsion primitive et enrichit la motivation de tout l'acquis dû à l'apprentissage. Le *troisième niveau* est celui du *désir*. Il est lié à la construction imaginaire anticipatrice du résultat de l'action et de la stratégie à mettre en œuvre pour assurer l'action gratifiante ou celle qui évitera le stimulus nociceptif. Le premier niveau fait appel à un processus uniquement présent, le second ajoute à l'action présente l'expérience du passé, le troisième répond au présent, grâce à l'expérience passée par anticipation du résultat futur.

Cette *action* se réalise dans un « espace » à l'intérieur duquel se trouvent des objets et des êtres. Les objets et les êtres qui permettent un apprentissage gratifiant devront rester à la disposition de l'organisme pour assurer le réenforcement. Cet organisme aura tendance à se les approprier et à s'opposer dans l'espace où ils se trouvent, dans son « territoire », à l'appropriation des mêmes objets et êtres gratifiants par d'autres. *Le seul comportement « inné », contrairement à ce que l'on a pu dire, nous semble donc être l'action gratifiante.* La notion de territoire et de propriété n'est alors que secondaire à l'apprentissage de la gratification. Ce sont des acquis sociaux dans toutes les espèces animales et socio-culturels chez l'Homme. De même, on comprend que pour se réaliser en situation sociale, l'action gratifiante s'appuiera dès lors sur l'établissement des *hiérarchies de dominance,* le dominant imposant son « projet » au dominé.

Un point reste encore à préciser. Nous venons de voir que le système nerveux commande généralement à une action. Si celle-ci répond à un stimulus nociceptif douloureux, elle se résoudra dans la fuite, l'évitement. Si la fuite est impossible elle provoquera l'agressivité défensive, la lutte. Si cette action est efficace, permettant la conservation ou la restauration du bien-être, de l'équilibre biologique, si en d'autres termes elle est gratifiante, la stratégie mise en œuvre sera mémorisée, de façon à être reproduite. Il y a apprentissage. Si elle est inefficace, ce que seul encore l'apprentissage pourra montrer, un processus d'inhibition motrice sera mis en jeu. Dans le premier cas les aires cérébrales, commandant à la réponse innée de fuite ou de lutte au stimulus nociceptif, à la punition, seront organisées dans des voies nerveuses qui aboutiront au « periventricular system » (P.V.S.). Dans le second cas, celui de l'apprentissage de la récompense, du comportement gratifiant, le faisceau réunissant les aires cérébrales intéressées est le « medial forebrain bundle » (M.F.B.). L'inhibition motrice enfin fait appel au système inhibiteur de l'action (S.I.A.). Nous avons récemment pu montrer (Laborit et col., 1974)[1] que le système inhibiteur de l'action, permettant ce qu'il est convenu d'appeler *l'évitement passif*, est à l'origine de la réaction endocrinienne de « stress » (Selye, 1936)[2] et de la réaction sympathique vaso-constrictrice d'attente de l'action. La réaction adrénalinique qui vasodilate au contraire la circulation musculaire, pulmonaire, cardiaque et cérébrale, est la réaction de fuite ou de lutte ; c'est la réaction d' « alarme », elle permet la réalisation de l'action. Il résulte de ce schéma que tout ce qui s'oppose à une action gratifiante, celle qui assouvit le besoin inné ou acquis, mettra en jeu une réaction endocrino-sympathique, préjudiciable, si elle dure, au fonctionnement des organes périphériques. Elle donne naissance au sentiment d'angoisse et se trouve à l'origine des affections dites « psychosomatiques ».

Pour illustrer cette idée, je rappellerai l'impor-

1. Laborit (H.) (1974), « Action et réaction. Mécanismes bio et neurophysiologiques », *Agressologie, 15, 5,* 303-322.

2. Selye (H.) (1936), « A syndrome produced by diverse noxious agents », *Nature* (Lond.), *138,* 32.

tance que les compagnies d'assurances américaines attachent à une pression artérielle supérieure à 140/90 mm de Hg après 50 ans, une surmortalité importante touchant les sujets qui en sont atteints. Or, au cours d'une expérimentation d'évitement actif dans une chambre à deux compartiments, réalisée sur le rat soumis à une stimulation électrique plantaire précédée de quelques secondes par des signaux lumineux et sonores, nous avons constaté que si l'animal pouvait agir, c'est-à-dire fuir dans le compartiment d'à côté, cette stimulation appliquée au cours de séances d'une durée de 7 mn par jour pendant sept jours consécutifs ne provoque pas d'hypertension stable. Si par contre la porte de communication entre les deux compartiments est fermée, que l'animal ne peut fuir, il présente rapidement un comportement d'inhibition motrice. Or, après les sept jours d'expérimentation il présente une hypertension artérielle stable, retrouvée encore plus d'un mois après, alors que les séances sont interrompues depuis au moins trois semaines. Mais au cours d'un protocole identique, si l'on place deux animaux ensemble, ne pouvant s'échapper mais pouvant combattre, extérioriser leur agressivité par une action sur l'autre, ces animaux ne font pas d'hypertension chronique. Il en est de même si après chaque séance l'animal est immédiatement soumis à un électrochoc convulsivant qui empêche l'établissement de la mémoire à long terme. Celle-ci, dans le cas présent, mémorise l'inefficacité de l'action face à un stimulus nociceptif. Elle est donc nécessaire à la mise en jeu du système d'inhibition motrice.

Nous avons défini l'agression (Laborit, 1971)[1] comme la quantité d'énergie capable d'accroître l'entropie d'un système organisé, autrement dit de

1. Laborit (H.) (1971), « L'homme et la ville », N.B.S., Flammarion, Paris.

faire disparaître sa structure. A côté des agressions directes, physiques ou chimiques, l'agression psychosociale au contraire passe *obligatoirement* par la mémoire et l'apprentissage de ce qui peut être nociceptif pour l'individu. Si elle ne trouve pas de solution dans l'action motrice adaptée, elle débouche sur un comportement d'agressivité défensive ou, chez l'homme, sur le suicide. Mais si l'apprentissage de la punition met en jeu le système inhibiteur de l'action, il ne reste plus que la soumission avec ses conséquences psychosomatiques, la dépression ou la fuite dans l'imaginaire des drogues et des maladies mentales ou de la créativité.

Nous avons signalé qu'en situation sociale, la gratification, c'est-à-dire l'utilisation suivant les besoins, des objets et des êtres situés dans le territoire d'un individu, c'est-à-dire dans l'espace au sein duquel il peut agir, s'obtenait évidemment par l'établissement de sa dominance. Celle-ci s'établit chez l'animal grâce à la force physique. Chez l'Homme il en fut longtemps ainsi. Mais la propriété que possède l'espèce humaine d'ajouter de l'information à la matière inanimée, de la « mettre en forme » pour en faire le produit d'une industrie, permit bientôt les échanges, puis l'accumulation d'un capital permettant de s'approprier les objets et les êtres, donc de se gratifier. La dominance s'établit alors sur la possession du capital et des moyens de production des marchandises, les machines, résultant elles-mêmes de la manipulation par le cerveau humain de l'information technique. Plus récemment, l'importance prise par les machines dans le processus de production a favorisé ceux capables de les imaginer et de les contrôler grâce à l'acquisition d'une information abstraite, physique et mathématique. Elle a favorisé les techniciens. La dominance s'est alors établie sur le degré d'abstraction atteint par un individu dans son information professionnelle. C'est elle qui aujourd'hui est à la base des hiérarchies, non seulement professionnelles, mais de pouvoir économique et politique.

Où se situe l'*amour* dans ce schéma ? Décrire l'amour comme la dépendance du système nerveux à l'égard de l'action gratifiante réalisée grâce à la présence d'un autre être dans notre espace, est sans doute objectivement vrai. Inversement, la haine ne prend-elle pas naissance quand l'autre cesse de nous gratifier, ou que l'on s'empare de l'objet de nos désirs, ou que l'on s'insinue dans notre espace gratifiant et que d'autres se gratifient avec l'être ou l'objet de notre gratification antérieure ?

Mais l'on se demande si ces observations, qui se voudraient scientifiques, objectives, ont quelque valeur devant la joie ineffable, cette réalité vécue, de l'amoureux. La décrire comme nous venons de le faire, n'est-ce pas ignorer la part humaine de l'amour, sa dimension imaginaire, créatrice, culturelle ? Oui sans doute pour l'amour heureux. Mais un autre l'a dit, il n'y a pas d'amour heureux. Il n'y a pas d'espace suffisamment étroit, suffisamment clos, pour enfermer toute une vie deux êtres à l'intérieur d'eux-mêmes. Or, dès que cet ensemble s'ouvre sur le monde, celui-ci en se refermant sur eux va, comme les bras d'une pieuvre, s'infiltrer entre leurs relations privilégiées. D'autres objets de gratification, et d'autres êtres gratifiants, vont entrer en relation avec chacun d'eux, en relation objective s'exprimant dans l'action. Alors, l'espace d'un être ne se limitera plus à l'espace de l'autre. Le territoire de l'un peut bien se recouper avec le territoire de l'autre, mais ils ne se superposeront jamais plus. Le seul amour qui soit vraiment humain, c'est un amour imaginaire, c'est celui après lequel on court sa vie durant, qui trouve généralement son origine dans l'être aimé, mais qui n'en aura bientôt plus ni la taille, ni la forme palpable, ni la voix, pour devenir une véritable création, une image sans réalité. Alors, il ne faut surtout pas essayer de faire coïncider cette image avec l'être qui lui a donné naissance, qui lui n'est qu'un pauvre homme ou qu'une pauvre femme, qui a fort à faire avec son inconscient. C'est avec cet amour-là qu'il faut se gratifier, avec ce que l'on croit être et ce qui n'est pas, avec le désir et non avec la connaissance. Il faut se fermer les yeux, fuir le réel. Recréer le monde des dieux, de la poésie et de l'art, et ne jamais utiliser la clef du placard où Barbe-Bleue enfermait les cadavres de ses femmes. Car dans la prairie qui verdoie, et sur la route qui poudroie, on ne verra jamais rien venir.

Si ce que je viens d'écrire contient une parcelle de vérité, alors je suis d'accord avec ceux qui pensent que le plaisir sexuel et l'imaginaire amoureux sont deux choses différentes qui n'ont pas de raison *a priori* de dépendre l'une de l'autre. Malheureusement, l'être biologique qui nous gratifie sexuellement et que l'on tient à conserver exclusivement de façon à « réenforcer » notre gratification par sa « possession », coïncide généralement avec celui qui est à l'origine de l'imaginaire heureux. L'amoureux est un artiste qui ne peut plus se passer de son modèle, un artiste qui se réjouit tant de son œuvre qu'il veut conserver la matière qui l'a engendrée. Supprimer l'œuvre, il ne reste plus qu'un homme et une femme, supprimer ceux-là, il n'y a plus d'œuvre. L'œuvre, quand elle a pris naissance, acquiert sa vie propre, une vie qui est du domaine de l'imaginaire, une vie qui ne vieillit pas, une vie en dehors du temps et qui a de plus en plus de peine à cohabiter avec l'être de chair, inscrit dans le temps et l'espace, qui nous a gratifiés biologiquement. C'est pourquoi il ne peut pas y avoir d'amour heureux, si l'on veut à toute force identifier l'œuvre et le modèle.

Cependant, lorsque l'amour passe d'un rapport interindividuel unique à celui d'un groupe humain, il est probable qu'il pourrait s'humaniser, en ce sens qu'il devient plus l'amour d'un concept que celui de l'objet gratifiant. L'Homme est par exemple le seul animal à concevoir la patrie et à pouvoir l'aimer. Mais là encore il n'est pas possible de faire coïncider l'imaginaire amoureux avec le modèle qui en est la cause. Le modèle est encore un modèle biologique, celui de l'ensemble humain peuplant une niche écologique, avec son histoire et les caractéristiques comportementales que cette niche a conditionnées chez lui. Et cet ensemble humain jusqu'ici s'est toujours organisé sous tous les cieux suivant un système hiérarchique de dominance et de soumission parce que les motivations des individus qui le composent ont toujours été la survie organique, la recherche du plaisir, dont les moyens d'obtention passent encore par la possession d'un territoire individuel et des objets et des êtres qu'il contient. Si bien que cet amour réel et puissant de la patrie, tardivement conceptualisé dans l'histoire de l'Homme, mais qui a, jusqu'à une époque récente, animé le sacrifice de millions d'hommes, a également permis l'exploitation de leur sacrifice par les structures sociales de dominance qui en constituaient, non le corps mystique, mais le corps biologique. Les dominants ont toujours utilisé l'imaginaire des dominés à leur profit. Cela est d'autant plus facile que la faculté de création imaginaire que possède l'espèce humaine est la seule à lui permettre la fuite gratifiante d'une objectivité douloureuse. Cette possibilité, elle la doit à l'existence d'un cortex associatif capable de créer de nouvelles structures, de nouvelles relations abstraites, entre les éléments mémorisés dans le système nerveux. Mais ces structures imaginaires restent intimement adhérentes aux faits mémorisés, aux modèles matériels dont elles sont issues. Or, à l'échelon socioculturel il est profitable, pour la structure hiérarchique, de favoriser l'amour de l'artiste citoyen pour sa création imaginaire, la patrie, qui lui fait oublier la triste réalité du modèle social, artisan de son aliénation. On a dit que de Gaulle aimait la France, mais méprisait les Français. Il aimait la conception imaginaire qu'il s'était faite de la France. L'artiste préférait son œuvre au modèle imposé par la réalité. Or, ce qu'il y a de passionnant dans l'œuvre, c'est qu'elle varie avec chaque homme, avec sa mémoire, avec son histoire, que le même mot recouvre autant de créations imaginaires différentes qu'il y a de cerveaux imaginants et qu'il est alors facile de créer un mouvement collectif passionnel d'opinion pour quelque chose qui n'existe pas en dehors du produit variable de l'imagination de chaque individu.

La distance croissante qui sépare ainsi la réalité objective de la création imaginaire permet de manipuler la première en exploitant la seconde au bénéfice des plus forts. Dans toute cette interprétation, j'ai sans doute paru valoriser l'imaginaire et ne pouvoir éliminer moi-même le jugement de valeur. Or, constater que toute l'évolution des espèces s'est faite en développant l'imaginaire et les formations nerveuses permettant les processifs associatifs pour aboutir à l'Homme, n'est pas, me semble-t-il, faire un jugement de valeur. C'est constater une réalité objective. Mais reconnaître que l'imaginaire reste sous la dépendance des pulsions préhominiennes du fait que celles-ci gouvernent notre inconscient, n'oblige pas à utiliser l'imaginaire pour assurer la dominance de ces pulsions dans l'action, sous la protection ambiguë du discours conscient. C'est la lutte éternelle entre la chair thermodynamique et le point oméga, informationnel, l'un ne pouvant exister sans l'autre, mais sans qu'il soit jamais possible de réduire l'un à l'autre ou inversement car, comme l'a dit Wiener, l'information n'est qu'information. Elle n'est ni masse ni énergie, bien que n'existant pas sans elles.

Par contre, ce qu'il est possible de souhaiter, c'est que la création, l'œuvre de l'artiste, celle de l'amoureux, ne se limite pas à un sous-ensemble. Qu'il s'adresse tout de suite au plus grand ensemble, à l'espèce humaine. Que ce peu de chair que nous sommes, source de nos motivations, car si cette chair est triste, elle est aussi plaisante à la fois, source de notre désir d'en profiter comme de celui de la fuir en nous gratifiant sans contrainte dans l'imaginaire, source de notre angoisse sans laquelle il n'y aurait pas de libération, que ce peu de chair inventive n'emprisonne pas sa créativité dans la prison des socio-cultures, celle des mots, celle des cadres préfabriqués, celle des groupes sociaux, des chapelles, des langues, des classes. Prendre pour finalité gratifiante l'un de ces sous-ensembles, c'est être fondamentalement raciste. Le racisme est une théorie biologiquement sans fondement au stade où est parvenue l'espèce humaine, mais dont on comprend la généralisation par la nécessité, à tous les niveaux d'organisation, de la défense des structures périmées.

Tout homme qui, ne serait-ce que parfois le soir en s'endormant, a tenté de pénétrer l'obscurité de son inconscient, sait qu'il a vécu pour lui-même. Ceux qui ne peuvent trouver leur plaisir dans le monde de la dominance et qui, drogués, poètes ou psychotiques, appareillent pour celui de l'imaginaire, font encore la même chose.

Alors, le contact humain, la chaleur humaine, qu'en faites-vous ?

— Ce que les hommes ont à communiquer entre eux, la science et l'art, ils ont bien des moyens d'en faire l'échange. J'ai reçu d'eux plus de choses par le livre que par la poignée de main. Le livre m'a fait connaître le meilleur d'eux-mêmes, ce qui les prolonge à travers l'Histoire, la trace qu'ils laissent derrière eux.

Mais combien d'hommes ne laissent pas de trace écrite et qu'il serait enrichissant de connaître ? Ceux qui souffrent et travaillent n'ont point le temps d'écrire.

— Oui, mais est-on sûr que la prise de contact avec ceux-là est empreinte du seul souci de la connaissance et de la participation au transport de leur croix ? Le paternalisme, le narcissisme, la recherche de la dominance, savent prendre tous les visages. Dans le contact avec l'autre on est toujours deux. Si l'autre vous cherche, ce n'est pas souvent pour vous trouver, mais pour se trouver lui-même, et ce que vous cherchez chez l'autre c'est encore vous. Vous ne pouvez pas sortir du sillon que votre niche environnementale a gravé dans la cire vierge de votre mémoire depuis sa naissance au monde de l'inconscient. Puis-je dire qu'il m'a été donné parfois d'observer de ces hommes qui, tant en paroles qu'en action, semblent entièrement dévoués au sacrifice, mais que leurs motivations inconscientes m'ont toujours paru suspectes. Et puis certains, dont je suis, en ont un jour assez de ne connaître l'autre que dans la lutte pour la promotion sociale et la recherche de la dominance. Dans notre monde, ce ne sont pas des hommes que vous rencontrez le plus souvent, mais des agents de production, des professionnels. Ils ne voient pas non plus en vous l'Homme, mais le concurrent, et dès que votre espace gratifiant entre en interaction avec le leur, ils vont tenter de prendre le dessus, de vous soumettre. Alors, si vous hésitez à vous transformer en hippie, ou à vous droguer, il faut fuir, refuser la lutte si c'est possible. Car ces adversaires ne vous aborderont jamais seuls. Ils s'appuieront sur un groupe ou une institution. L'époque de la chevalerie est loin où l'on se mesurait un à un, en champ clos. Ce sont les confréries qui s'attaquent aujourd'hui à l'homme seul, et si celui-ci a le malheur d'accepter la confrontation, elles sont sûres de la victoire, car elles exprimeront le conformisme, les préjugés, les lois socio-culturelles du moment. Si vous vous promenez seul dans la rue, vous ne rencontrerez jamais un autre homme seul, mais toujours une compagnie de transport en commun.

Quand il vous arrive cependant de rencontrer un homme qui accepte de se dépouiller de son uniforme et de ses galons, quelle joie ! L'Humanité devrait se promener à poil, comme un amiral se présente devant son médecin, car nous devrions tous être les médecins les uns des autres. Mais si peu se savent malades et désirent être soignés ! N'ont-ils pas suivi très fidèlement les règles du livre d'Hygiène et de Prophylaxie que la société bienveillante a déposé dans leur berceau à la naissance ?

Cette distinction que j'ai faite au début entre le réel et l'imaginaire, nous la retrouvons au niveau d'organisation des sociétés. Les rapports interindividuels qui s'établissent en leur sein, fondés sur le fonctionnement du système nerveux humain en situation sociale et qui aboutissent aux hiérarchies professionnelles et aux dominances, sont bien réels et vécus comme tels. Mais le fonctionnement nerveux est inconscient de ses sources structurelles innées et acquises. Il nous vient tout droit des étapes préhominiennes de l'évolution auxquelles l'imaginaire lui-même s'est soumis. La créativité n'y est considérée qu'en fonction de l'innovation technique et de la marchandise par lesquelles s'établissent les dominances. Aussi les hommes, pour fuir le malaise qui en résulte, se mettent-ils parfois à utiliser l'imaginaire pour proposer des structures sociales dans lesquelles ces rapports aliénants disparaîtraient. Malheureusement, comme ces derniers résultent, nous venons de le dire, de l'expression de leur inconscient pulsionnel drainé par l'acquis socio-culturel qu'ils ne prennent jamais en compte, l'amour pour l'œuvre imaginaire n'arrive jamais à coïncider avec le réel amputé de ses sources profondes. Et le mot d'amour demeure ce terme mensonger qui absout toutes les exploitations de l'homme par l'homme, puisqu'il se veut d'une autre essence que celle des motivations les plus primitives, contre lesquelles d'ailleurs il ne peut rien, pas plus que le mot « bouclier » ne peut protéger des balles.

Les problèmes que pose la vie à chacun de nous, je n'ai trouvé aucun catéchisme, aucun code civil ou moral, capables de m'en fournir les réponses. Le Christ me les a données, mais outre que c'est un Monsieur qui n'est pas très recommandable, je le suspecte parfois de changer de visage avec le client.

Pour ceux qui le connaissent, il est l'œuvre accomplie dont je parlais plus haut, l'imaginaire incarné. Mais du fait même de cette incarnation, peut-il être mieux que ce que nous sommes ? Cela n'est possible que s'il représente l'imaginaire incarné dans l'espèce comme dans chaque individu, élément de l'ensemble. Pour lui aussi, à mon sens, le mot d'amour a été galvaudé. Dans le contexte où il est utilisé on peut aussi bien choisir celui de haine. Il y a autant d'amour dans la haine qu'il y a de haine dans l'amour. C'est une question d'endocrinologie.

Il est plus facile de dire que l'on aime l'espèce humaine, l'homme avec un grand H, que d'aimer, et non pas simplement avoir l'air d'aimer, son voisin de palier. Mais il est plus facile aussi d'aimer sa femme et ses enfants quand ils font partie des objets gratifiants de votre territoire spatial et culturel, que d'aimer le concept abstrait de l'Humanité dans son ensemble. Il faudrait ne pas avoir de territoire du tout, c'est-à-dire ne pas avoir de système nerveux ou au contraire considérer que ce territoire est la planète tout entière, opinion que les autres se chargeraient rapidement de contredire, pour vivre en paix. « Mon territoire n'est pas de ce monde »... Bien sûr, il appartient au monde des structures, au monde de l'imaginaire. Malheureusement, l'imaginaire prend naissance dans un système nerveux et les structures n'existent que pour organiser les éléments d'un ensemble : l'œuvre et le modèle, toujours. Il faut accepter de vivre avec le modèle et de mourir pour l'œuvre. C'est l'éternel conflit entre le « principe de plaisir » et le « principe de réalités » vous diront les psychanalystes et je ne vous proposerai pas autre chose que la « sublimation ». Ce n'est pourtant pas tout à fait cela, à mon avis. Le réel que je vous propose n'est pas celui de la niche environnementale immédiate, celui que l'on touche, que l'on sent, que l'on voit. Celui-là, même si vous vous admettez la différence, la non-appropriation, l'autonomie partielle de l'autre (ce qui sera d'ailleurs considéré comme de l'indifférence) n'est pas encore suffisamment informé dans son ensemble, ou plutôt se trouve trop déformé par la culture pour accepter qu'inversement vous puissiez bénéficier des mêmes avantages. Aimer l'autre, cela devrait vouloir dire que l'on admet qu'il puisse penser, sentir, agir de façon non conforme à nos désirs, à notre propre gratification, accepter qu'il vive conformément à son système de gratification personnel et non conformément au nôtre. Mais l'apprentissage culturel au cours des millénaires a tellement lié le sentiment amoureux à celui de possession, d'appropriation, de dépendance par rapport à l'image que nous nous faisons de l'autre, que celui qui se comporterait ainsi par rapport à l'autre serait en effet qualifié d'indifférent.

Cependant, il existe d'autres espaces gratifiants que celui qui vous entoure immédiatement, et qui sont tout aussi réels que lui, mais médiats. C'est grâce à eux que l'on peut atteindre le collectif, le social. L'espace planétaire en est un, et les structures sociales qui le remplissent sont une réalité. Mais cette réalité, vous ne pouvez l'atteindre avec la main, les yeux, les lèvres. Vous ne pouvez l'influencer que par l'intermédiaire des mass media. Vous ne pouvez exercer sur elle une autorité, un pouvoir, qu'à travers la symbolique du langage, et l'expression des concepts. Vous vous heurterez bien évidemment aux langages et aux concepts dominants. Mais votre lutte s'engagera à un autre niveau d'organisation que celui où se tiennent les rapports d'homme à homme. Vous ne vous laisserez plus enfermer dans un espace étroit au sein duquel tout l'inconscient dominateur des individualités entre en conflit pour l'obtention de la dominance. Et surtout vous pouvez fuir, pour vous regrouper à un autre niveau d'organisation, jusqu'aux limites de la planète. Il s'agit en définitive de faire de votre réalité une structure ouverte et non pas une structure fermée par les frontières de l'Œdipe familial ou social.

Déçus ? Bien sûr vous l'êtes. Entendre parler de l'Amour comme je viens de le faire a quelque chose de révoltant. Mais cela vous rassure en raison même de la différence. Car vous, vous savez que l'esprit transcende la matière. Vous savez que c'est l'amour particulier, comme l'amour universel, qui transportent l'homme au-dessus de lui-même. L'amour qui lui fait accepter parfois le sacrifice de sa vie. « Parrroles, Parroles, Parroles », chuchote Dalida avec cet accent si profondément humain qu'il touche au plus profond du cœur les foules du monde libre. Vous savez, vous, que ce ne sont pas que des mots, que ce qui a fait la gloire des générations qui nous ont précédés, sont des valeurs éternelles, grâce auxquelles nous avons abouti à la civilisation industrielle, aux tortures, aux guerres d'extermination, à la destructuration de la biosphère, à la robotisation de l'homme et aux grands ensembles. Ce ne sont pas les jeunes générations évidemment qui peuvent être rendues responsables d'une telle réussite. Elles n'étaient pas encore là pour la façonner. Elles ne savent plus ce qu'est le travail, la famille, la patrie. Elles risquent même demain de détruire ces hiérarchies, si indispensables à la récompense du mérite, à la création de l'élite. Ces penseurs profonds qui depuis quelque temps peuplent de leurs écrits nos librairies, et que la critique tout entière se plaît à considérer comme de véritables humanistes, sachant exprimer avec des accents si « authentiques » toute la grandeur et la solitude de la condition humaine, nous ont dit : retournons aux valeurs qui ont fait le bonheur des générations passées et sans lesquelles aucune société ne peut espérer en arriver où nous sommes. Sans quoi nous risquons de perdre des élites comme celles auxquelles ils appartiennent, ce qui serait dommage. Qui décidera de l'attribution des crédits, de l'emploi de la plus-value, qui dirigera aussi « humainement » les grandes entreprises, les banques, qui tiendra dans ses mains les leviers de l'État, ceux du commerce et de l'industrie, qui sera capable enfin de perpétuer le monde moderne, tel qu'eux-mêmes l'ont fait ? Et toute cette jeunesse qui profite de ce monde idéal, tout en le récusant, ferait mieux de se mettre au travail, d'assurer son avenir promotionnel et l'expansion économique, qui est le plus sûr moyen d'assurer le bonheur de l'homme. La violence n'a jamais conduit à rien, si ce n'est à la révolution, à la Terreur, aux guerres de Vendée et aux droits de l'Homme et du Citoyen. Sans doute, il y a des bombes à billes, au napalm, les défoliants, les cadences dans les usines, les appariteurs musclés, mais tout cela (pour ne citer qu'eux) n'existe que pour apprendre à apprécier le monde libre à ceux qui ne savent pas ce qu'est la liberté et la civilisation judéo-chrétienne. Conservons la vie, ce bien suprême, pénalisons l'avortement, la contraception, la pornographie (qui n'est pas l'érotisme, comme chacun sait) et favorisons, au nom de la patrie, les industries d'armement, la vente à l'étranger des tanks et des avions de combat, qui n'ont jamais fait de mal à personne puisque ce sont les militaires qui les utilisent. Si parfois ces bombes tuent des hommes, des femmes et des enfants, ceux-là ont déjà pu apprécier les avantages de la vie, en goûter les joies familiales et humaines. Alors que ces pauvres innocents de la curette ou de l'aspirateur ne sauront jamais les joies qu'ils ont perdues, le bonheur de se trouver parmi nous. Savez-vous si parmi eux il ne s'en serait pas trouvé un qui aurait même pu devenir président de la République ? Non, croyez-moi, laissez-les vivre, car même si l'existence n'est pas une formule idéale, vous savez bien que la douleur élève l'homme et que nul ne se connaît tant qu'il n'a pas souffert. (Cette dernière phrase, pour être la preuve d'une culture authentique, devrait s'accompagner d'un renvoi en bas de page sur une référence bibliographique.)

Oui, ce que je viens d'écrire sur l'amour est attristant. Cela manque totalement de spiritualité. Heureusement qu'il nous reste saint François d'Assise, Paul VI et Michel Droit. Heureusement qu'il existe encore des gens qui savent, eux, pourquoi ils ont vécu, et pourquoi ils vivent. Demandez-leur. Ils vous diront que c'est pour l'Amour avec un grand A, pour les autres, grâce au sacrifice d'eux-mêmes. Et il faut les croire parce que ce sont des êtres conscients et responsables. Il suffit de voir leur tête pour comprendre combien ils ont souffert dans leur renoncement !

J'aurais pu vous dire que ma motivation profonde depuis mon plus jeune âge avait été de soulager l'humanité souffrante, de trouver des drogues qui guérissent, d'opérer et de panser des plaies saignantes. J'aurais pu vous dire que mon rôle ne s'était pas limité à soigner le corps, mais que j'avais toujours cherché derrière le corps physique à atteindre l'Homme tout entier, moral et spirituel, à grands coups de colloques singuliers payables à la sortie, et derrière chaque individu que j'avais tenté de comprendre, l'humaine condition. A cela, toute mon hérédité familiale m'avait conduit. J'aurais pu vous dire comment, par mon seul mérite, j'avais gravi les échelons d'une carrière honorable, au cours de laquelle bien sûr je m'étais heurté à l'égoïsme souvent, à la bêtise parfois, mais combien tout cela avait été insignifiant comparé à la chaleur humaine, aux contacts humains, aux joies de l'amitié et de l'amour auxquelles je m'étais livré à corps perdu en donnant le meilleur de moi-même. Après la lecture d'un tel livre, vous auriez acquis une haute opinion de l'auteur et de son idéal humain (un idéal peut-il être autre chose qu'humain ?), et dare-dare, devant un tel exemple vous auriez tenté de l'imiter. Animé par cette nouvelle ardeur, vous-même, le groupe social auquel vous appartenez, le pays, la culture et finalement l'espèce humaine tout entière, se seraient enrichis. Vous auriez permis, en restant à votre juste place (une place est toujours juste et méritée) que soient conservés des idéaux d'Amour, de Probité, d'Honneur, de Sacrifice, qui sont les seules valeurs capables de faire progresser l'Humanité souffrante (l'Humanité est toujours souffrante, vous avez remarqué ?).

Au lieu de cela, vous découvrez un homme qui, suivant les critères qui sont les vôtres, vous dit que nous sommes tous pourris, tous vendus, qu'il n'existe à son avis ni amour, ni altruisme, ni liberté, ni responsabilité, ni mérite qui puissent répondre à des critères fixés d'avance, à une échelle de valeurs humainement conçue, que tout cela est une chienlit pour permettre l'établissement des dominances. Que les choses se contentent d'être, sans valeur autre que celle que lui attribue un ensemble social particulier. Notez qu'il n'a aucun moyen de coercition, aucune inquisition à son service capable de vous obliger « librement » à le croire, et ce n'est pas son insignifiante expérience personnelle qui peut vraisemblablement vous convaincre.

Peut-être d'ailleurs l'étude de la biologie des comportements à laquelle il fait si souvent référence, car il croit qu'elle le singularise, lui a-t-elle fourni cet alibi logique dont il parle souvent aussi, pour couvrir sa très réelle médiocrité sentimentale ? Ne connaissant des autres que leurs comportements, il a cru qu'ils étaient motivés comme il l'était lui-même, mais restaient inconscients de leurs motivations réelles. Peut-être sont-ils tous bons, généreux, conciliants, tolérants, simples, humbles, acceptant la dominance quand elle s'offre à eux comme un fardeau qu'ils n'ont pas cherché à conquérir ? Peut-être sont-ils effectivement tous ce qu'il vous conseillent d'être vous-même, en faisant référence à cet humanisme si réconfortant, à ces sublimations et à ces transcendances qui guident nos élites méritantes ? Peut-être, après tout, que leur dominance ils ne la doivent qu'à leurs qualités exceptionnelles et qu'elle leur est donnée par surcroît ? On peut se demander même s'ils savent en profiter ?

Ainsi, j'ai compris que ce que l'on appelle « amour » naissait du réenforcement de l'action gratifiante autorisée par un autre être situé dans notre espace opérationnel et que le mal d'amour résultait du fait que cet être pouvait refuser d'être notre objet gratifiant ou devenir celui d'un autre, se soustrayant ainsi plus ou moins complètement à notre action. Que ce refus ou ce partage blessait l'image idéale que l'on se faisait de soi, blessait notre narcissisme et initiait soit la dépression, soit l'agressivité, soit le dénigrement de l'être aimé. J'ai compris aussi ce que bien d'autres avaient découvert avant moi, que l'on naît, que l'on vit, et que l'on meurt seul au monde, enfermé dans sa structure biologique qui n'a qu'une seule raison d'être, celle de se conserver. Mais j'ai découvert aussi que, chose étrange, la mémoire et l'apprentissage faisaient pénétrer les autres dans cette structure, et qu'au niveau de l'organisation du moi, elle n'était plus qu'eux. J'ai compris enfin que la source profonde de l'angoisse existentielle, occultée par la vie quotidienne et les relations interindividuelles dans une société de production, c'était cette solitude de notre structure biologique enfermant en elle-même l'ensemble, anonyme le plus souvent, des expériences que nous avons retenues des autres. Angoisse de ne pas comprendre ce que nous sommes et ce qu'ils sont, prisonniers enchaînés au même monde de l'incohérence et de la mort. J'ai compris que ce que l'on nomme amour pouvait n'être que le cri prolongé du prisonnier que l'on mène au supplice, conscient de l'absurdité de son innocence; *ce cri désespéré, appelant l'autre à l'aide et auquel aucun écho ne répond jamais.* Le cri du Christ en croix : « *Eli, Eli, lamma sabacthani* » « Mon Dieu, mon Dieu, pourquoi m'as-tu abandonné? ». Il n'y avait là, pour lui répondre, que le Dieu de l'élite et du sanhédrin. Le Dieu des plus forts. C'est sans doute pourquoi on peut envier ceux qui n'ont pas l'occasion de pousser un tel cri, les riches, les nantis, les tout-contents d'eux-mêmes, les fiers-àbras-du-mérite, les héros de l'effort récompensé, les faites-donc-comme-moi, les j'estime-que, les il-est-évident-que, les sublimateurs, les certains, les justes. Ceux-là n'appellent jamais à l'aide, ils se contentent de chercher des « appuis » pour leur promotion sociale. Car, depuis l'enfance, on leur a dit que seule cette dernière était capable d'assurer leur bonheur. Ils n'ont pas le temps d'aimer, trop occupés qu'ils sont à gravir les échelons de leur échelle hiérarchique. Mais ils conseillent fortement aux autres l'utilisation de cette « valeur » la plus « haute » dont ils s'affirment d'ailleurs pétris. Pour les autres, l'amour commence avec le vagissement du nouveau-né lorsque, quittant brutalement la poche des eaux maternelle, il sent tout à coup sur sa nuque tomber le vent froid du monde et qu'il commence à respirer, seul, tout seul, pour lui-même, jusqu'à la mort. Heureux celui que le bouche à bouche parfois vient assister.

— Narcisse, tu connais ?

Une idée de l'Homme

Ce que je viens d'en dire en parlant de l'amour et ce que je vais en dire au cours des prochains chapitres fournit une idée de l'Homme plus complète que celle que je pourrais enfermer en quelques pages. Je ne ferai ici que souligner quelques notions qui me paraissent particulièrement importantes. Animal, l'Homme l'est. Il en possède les besoins, les instincts primordiaux, ceux d'assouvir sa faim, sa soif et sa sexualité, ses pulsions endogènes en quelque sorte, suivant un certain rituel propre à son espèce. Il en possède aussi les possibilités de mémorisation à long terme, les possibilités d'apprentissage. Mais ces propriétés communes aux mammifères sont profondément transformées par le développement de propriétés anatomiques et fonctionnelles qui résultent sans doute du passage à la station debout, à la marche bipède, à la libération de la main, à la nouvelle statique du crâne sur la colonne vertébrale, au développement rendu possible alors du naso-pharynx permettant l'articulation des sons et le langage. Avec celui-ci, le symbolisme et la conceptualisation apparaissent. Avec les mots permettant de prendre de la distance d'avec l'objet, une possibilité nouvelle d'associativité, donc de création d'imaginaire nous est donnée. Avec l'imaginaire, la possibilité de créer de l'information et d'en façonner le monde inanimé fait l'Homme. Avec le langage encore, la possibilité de transmettre à travers les générations l'expérience acquise fut possible. L'enfant qui naît de nos jours bénéficie en quelques mois ou quelques années, de cette façon, de toute l'expérience acquise depuis les premiers âges humains, par l'espèce tout entière. L'expérience put ainsi s'accumuler, surtout lorsque l'écriture vint compléter la transmission orale, plus facile à déformer. Malheureusement, le langage fournit seulement une interprétation logique des faits de conscience. Les pulsions, l'apprentissage culturel, demeurent dans le domaine de l'inconscient. Ce sont eux qui guident le discours, et celui-ci couvre d'alibis logiques l'infinie complexité des fonctions primitives et des acquis automatisés. Dans le sommeil du rêve, il semble que ceux-ci retrouvent leur autonomie, et lorsque nous en conservons la mémoire après retour à la conscience de l'éveil, ils nous effraient souvent. Car la logique du rêve n'est pas celle du discours conscient. Elle déroute par sa richesse inventive et répond à des lois associatives que notre conscience a du mal à accepter. Cette soupape de l'inconscient, des pulsions et des désirs que la conscience rejette, refoule, car non conforme aux règles culturelles de la société du moment, a toujours attiré la crainte et la curiosité des hommes qui n'en comprenaient plus le mécanisme dès qu'ils retrouvaient la conscience de l'éveil et le contrôle de l'environnement.

Les langages, intermédiaires obligés des relations humaines, ont couvert de leur logique et de leur justification l'établissement des hiérarchies de dominances dont nous avons dit qu'elles étaient fondées sur la recherche inconsciente et individuelle du plaisir, de l'équilibre biologique. Les dominants ont ainsi toujours trouvé de « bonnes » raisons pour justifier leur dominance, et les dominés de « bonnes » raisons pour les accepter religieusement ou pour les rejeter avec violence. La philosophie et l'ensemble des sciences humaines se sont établies sur la tromperie du langage. Tromperie, car il ne prenait jamais en compte ce qui mène le discours, l'inconscient. Et quand Freud, après d'autres sans doute, est venu le démasquer, comment pouvait-il convaincre, puisque par définition l'inconscient est inconscient ? Comment admettre son existence quand la conscience couvre magiquement tous les rapports humains de sa clarté éblouissante, de sa charpente simple et solide, de sa cohérence avec le monde palpable, tangible ? Comment penser que ce monde palpable et tangible, ou plutôt que l'expérience que nous en avons, quand elle a pénétré le réseau infiniment complexe de notre système nerveux, s'y organise suivant des règles pulsionnelles, suivant des interdits culturels, et y retrouve nos constructions imaginaires pour y construire un monde différent, caché mais présent ? Un monde qui, lui, va orienter notre discours afin que celui-ci le protège de l'intrusion des autres ?

Comment, sachant cela, ne pas éprouver un certain attrait pour ce qu'il est convenu d'appeler le « scientisme », cet essai longtemps infructueux de la découverte de lois, de principes invariants capables de nous aider à sortir de la soupe des jugements de valeur ? Et quand ce scientisme, après des siècles de tâtonnements, aboutit enfin à des faits constants, reproductibles, concernant l'origine biochimique et neurophysiologique de nos comportements normaux et « anormaux », comment refuser de voir en lui le premier lien fécond entre la physique et le langage ? Comment ne pas voir qu'il est indispensable à une certaine idée que nous pouvons nous faire de l'Homme ?

L'Homme est enfin, on peut le supposer, le seul animal qui sache qu'il doit mourir. Ses luttes journalières compétitives, sa recherche du bien-être à travers l'ascension hiérarchique, son travail machinal accablant, lui laissent peu de temps pour penser à la mort, à sa mort. C'est dommage, car l'angoisse qui en résulte est sans doute la motivation la plus puissante à la créativité. Celle-ci n'est-elle pas en effet une recherche de la compréhension, du pourquoi et du comment du monde, et chaque découverte ne nous permet-elle pas d'arracher un lambeau au linceul de la mort ? N'est-ce pas ainsi que l'on peut comprendre qu'en son absence celui qui « gagne » sa vie la perd ?

Cela nous ramène à l'angoisse. Comment donner une « idée de l'Homme » sans parler d'elle ? Je pense que l'on n'a pas suffisamment insisté jusqu'ici sur cette idée simple que le système nerveux avait comme fonction fondamentale de nous permettre d'agir. Le phénomène de conscience chez l'homme, que l'on a évidemment rattaché au fonctionnement du système nerveux central, a pris une telle importance, que ce qu'il est convenu d'appeler « la pensée » a fait oublier ses causes premières, et qu'à côté des sensations il y a l'*action*. Or, nous le répétons, celle-ci nous paraît tellement essentielle que lorsqu'elle n'est pas possible, c'est l'ensemble de l'équilibre d'un organisme vivant qui va en souffrir, quelquefois jusqu'à entraîner la mort. Et ce fait s'observe aussi bien chez le rat que chez l'homme, plus souvent chez le rat que chez l'homme, car le rat n'a pas la chance de pouvoir fuir dans l'imaginaire consolateur ou la psychose. Pour nous, la cause primordiale de l'angoisse c'est donc l'impossibilité de réaliser l'action gratifiante, en précisant qu'échapper à une souffrance par la fuite ou par la lutte est une façon aussi de se gratifier, donc d'échapper à l'angoisse.

Quelles peuvent être les raisons qui nous empêchent d'agir ? La plus fréquente, c'est le conflit qui s'établit dans nos voies nerveuses entre les pulsions et l'apprentissage de la punition qui peut résulter de leur satisfaction. Punition qui peut venir de l'environnement physique, mais plus souvent encore, pour l'homme, de l'environnement humain, de la socio-culture.

Les pulsions sont souvent des pulsions fondamentales, en particulier sexuelles. Elles peuvent être aussi le résultat d'un apprentissage : la recherche de la dominance qui permet aux pulsions fondamentales de s'exprimer plus facilement en milieu social, ou la recherche de l'assouvissement d'un besoin acquis, besoin qu'a fait naître la socio-culture. Il en est de même pour la mise en jeu du système inhibiteur de ces pulsions qui fait aussi bien appel aux lois civiques et à ceux qui sont chargés de les faire respecter, qu'aux lois morales qu'une culture a érigées. Toutes sont orientées de façon plus ou moins camouflée vers la défense de la propriété privée des choses et des êtres.

Une autre source d'angoisse est celle qui résulte du déficit informationnel, de l'ignorance où nous sommes des conséquences pour nous d'une action, ou de ce que nous réserve le lendemain. Cette ignorance aboutit elle aussi à l'impossibilité d'agir de façon efficace. L'expérience, l'apprentissage, nous ont rendus conscients du fait que les événements ne nous sont pas tous favorables. Quand l'un d'eux survient, au sujet duquel nous ne savons rien encore, dont nous n'avons aucune expérience antérieure, il est souvent une source d'angoisse car nous ne savons pas comment nous comporter efficacement envers lui.

Enfin, chez l'homme, l'imaginaire peut, à partir de notre expérience mémorisée, construire des scénarios tragiques qui ne se produiront peut-être jamais mais dont nous redoutons la venue possible. Il est évidemment difficile d'agir dans ce cas à l'avance pour se protéger d'un événement improbable, bien que redouté. Autre source d'angoisse par inhibition de l'action.

L'angoisse de la mort peut faire appel à tous ces mécanismes à la fois. L'ignorance de ce qui peut exister après la mort, l'ignorance du moment où celle-ci surviendra, ou au contraire la reconnaissance de sa venue prochaine et inévitable, sans possibilité de fuite ou de lutte, la croyance à la nécessité d'une soumission aux règles morales ou culturelles pour pouvoir profiter agréablement de l'autre vie, le rôle de l'imagination bien alimentée par la civilisation judéo-chrétienne qui tente de tracer le tableau de celle-ci, ou celui du passage, peut-être douloureux, de la vie terrestre au ciel, au néant, au purgatoire ou à l'enfer, tout cela fait partie, même pour l'athée le plus convaincu, dans l'obscurité de son inconscient, dans le dédale de ses refoulements, de son acquis culturel. Et tout cela ne peut trouver une solution dans l'action, l'action protectrice, prospective, gratifiante.

Même en écarquillant les yeux, l'Homme ne voit rien. Il tâtonne en trébuchant sur la route obscure de la vie, dont il ne sait ni d'où elle vient, ni où elle va. Il est aussi angoissé qu'un enfant enfermé dans le noir. C'est la raison du succès à travers les âges des religions, des mythes, des horoscopes, des rebouteux, des prophètes, des voyants extralucides, de la magie et de la science aujourd'hui. Grâce à ce bric-à-brac ésotérique, l'Homme peut agir. Du moins il ne demande qu'à le croire pour soulager son angoisse. Mais, dès sa naissance, la mort lui passe les menottes aux poignets. C'est parce qu'il le sait, tout en faisant l'impossible pour ne pas y penser, qu'il est habituel de considérer que lorsque des primates ont enterré leurs morts en mettant autour d'eux leurs objets familiers pour calmer leur angoisse, dès ce moment, ces primates méritent d'être appelés des Hommes.

La possibilité que possède l'homme de créer de l'information à partir de son expérience mémorisée et d'en façonner le monde physique, créativité qui fut le facteur de la réussite de l'espèce sur la planète, fait qu'il se considère avant tout comme un producteur. Ses rapports sociaux ont été considérés comme des rapports de production. Mais comme cette production n'est pas entièrement enfermée dans le cadre de la production de biens marchands et que l'espèce semble avoir toujours créé des structures en apparence gratuites, même lorsqu'elles étaient reprises pour les faire pénétrer dans le circuit des marchandises, on a depuis longtemps divisé les activités humaines en activités artistiques et techniques. Aujourd'hui, on parle du travail professionnel et de la culture. La culture, c'est en principe ce qui ne se vend pas, un besoin inné qu'éprouverait l'Homme et qui le ferait accéder à sa véritable « essence », celle de l'art et de l'esprit. C'est cette idée de l'Homme, aspect dichotomique, moitié producteur, moitié culturel, que l'on répand et que l'on tente d'imposer dans toutes les formes d'idéologies politiques. Pourquoi cette idée d'un homme double présente-t-elle tant d'attraits pour ces idéologies, de droite ou de gauche ?

La première raison est que, quel que soit le type d'idéologie, toutes admettent que l'homme représente d'abord un moyen de production puisque toutes établissent leurs échelles hiérarchiques sur le degré d'abstraction atteint dans l'information professionnelle. Mais, comme nous l'avons précédemment indiqué, cette activité productrice infiniment automatisée, parcellisée, constitue un travail sans attrait et une motivation bien faible pour les couches les plus « thermodynamiques » et les plus nombreuses de la société. Celle-ci a cru qu'il était possible de fournir un exutoire au malaise social : la culture. Comme celle-ci ne semble avoir aucun rapport avec la profession, on l'a rapprochée des loisirs, inutiles si ce n'est pour entretenir la force de travail et lui faire oublier son malaise.

La culture est considérée d'ailleurs comme l'expression de l'homme dans ses activités artistiques et littéraires. Il s'agit, dans le langage courant, d'activités n'ayant qu'un rapport éloigné avec le principe de réalité, avec l'objectivité, d'activités ayant pris leurs distances d'avec l'objet et dans lesquelles l'affectivité et l'imaginaire peuvent s'exprimer soi-disant librement. Sinon, elles deviennent activités scientifiques ou techniques.

La culture exige des créateurs et des consommateurs. Tentons de voir les mécanismes qui contrôlent ces deux volants du diptyque.

Le créateur doit être motivé à créer. Pour cela, il doit généralement ne pas trouver de gratification suffisante dans la société à laquelle il appartient. Il doit avoir des difficultés à s'inscrire dans une échelle hiérarchique fondée sur la production de marchandises. Celle-ci exigeant, pour assurer sa promotion sociale, une certaine faculté d'adaptation à l'abstraction physique et mathématique, beaucoup, rebutés d'autre part par la forme « insignifiante » prise par le travail manuel à notre époque, s'orientent vers les sciences dites humaines ou vers les activités artistiques, « culturelles ». Mais celles-ci sont moins « payantes » pour une société dite de production, et les débouchés moins nombreux. Par contre, l'appréciation de la valeur de l'œuvre étant pratiquement impossible, tant l'échelle en est mobile, affective, non logique, l'artiste conserve un territoire vaste pour agir et surtout une possibilité de consolation narcissique. S'il n'est pas apprécié, aucun critère objectif solide ne permettant d'affirmer que les autres ont raison, il peut toujours se considérer comme incompris. Envisagée sous cet aspect, la création est bien une fuite de la vie quotidienne, une fuite des réalités sociales, des échelles hiérarchiques, une fuite dans l'imaginaire. Mais, avant d'atteindre le ciel nimbé d'étoiles de l'imaginaire, la motivation pulsionnelle, la recherche du plaisir qui n'a pu s'inscrire dans une dominance hiérarchique, doit encore traverser la couche nuageuse de la socio-culture en place. L'artiste, dès l'œuf fécondé, est forcément lié à elle dans le temps et l'espace social. Il la fuit mais il en reste plus ou moins imprégné. Aussi génial soit-il, l'artiste appartient à une époque, réalisant la synthèse de ceux qui l'ont précédé et la réaction aux habitudes culturelles que ceux-ci ont imposées. C'est dans cette réaction d'ailleurs qu'il peut trouver son originalité. Mais c'est aussi en elle que réside l'ambiguïté de l'art pour ses contemporains. Le besoin d'être admiré, aimé, apprécié, qui envahit chacun de nous, pousse l'artiste au non-conformisme. Il refuse le déjà vu, le déjà entendu. La création est à ce prix et l'admiration qu'elle suscite également. Mais l'œuvre originale s'éloigne alors des critères de références généralement utilisés pour la juger et l'art se devant de ne pas être objectif, de prendre ses distances d'avec la sensation, d'avec le monde du réel, il devient fort difficile d'émettre à son égard un jugement immédiat. L'art est un plat qui se mange froid, comme la vengeance. Seule l'évolution imprévisible du goût pourra par la suite affirmer le génie.

Évidemment, l'artiste ou soi-disant tel peut encore bénéficier de l'approbation des snobs pour qui tout ce qui n'est pas conforme entre dans le domaine de l'art. Le comportement du snob est assez limpide d'ailleurs. Stérile, il ne peut affirmer sa singularité qu'en paraissant participer à ce qui est singulier. Il se revêt de la singularité des autres et fait semblant de la comprendre et de l'apprécier. Il fait ainsi partie d'une élite avertie, au milieu de la cohue vulgaire et homogénéisante. Si enfin, de l'accouplement du non-conformiste et du snob, un système marchand peut naître, la réussite sociale, heureusement temporaire, l'inscription de l'artiste ou prétendu tel dans l'échelle consommatrice et hiérarchique peuvent se rencontrer. Tout cela est d'autant plus facile d'ailleurs que l'expérience historique montre que le novateur est presque toujours incompris par la majorité de ses contemporains. De là à penser que tout artiste incompris est un génie créateur il n'y a qu'un pas.

Il est facilement franchi, dans la société dite libérale où tout ce qui peut se vendre en faisant appel aux moyens variés d'intoxication publicitaire trouve sa raison d'être. Mais l'artiste peut être suffisamment paranoïaque pour ne pas rechercher, ni même apprécier, cette réussite sociale, ce pansement narcissique. Cela ne veut pas dire qu'il soit pour autant un génie créateur. Aucun système de référence n'est là pour nous le dire. Cependant, c'est dans ce groupe des psychotiques ou à ses frontières qu'on a le plus de chance de le trouver. En effet, sa motivation n'est plus de s'inscrire dans un système pour en profiter, soit matériellement, soit de façon narcissique. Il trouve sa gratification dans l'imaginaire et l'œuvre qui en résulte. On peut admettre que celle-ci est moins suspecte.

Cette analyse motivationnelle et comportementale de l'artiste que nous venons de faire est d'ailleurs approximative et l'on ne peut nier qu'à travers l'histoire certains génies créateurs ont trouvé une place dans la société de leur temps, et que le consensus historique, par la suite, confirma l'opinion favorable de leurs contemporains[1]. C'est en effet qu'il existe deux niveaux d'abstraction dans le comportement de l'artiste. Le premier pourrait être interprété comme une fuite du réel non gratifiant vers un imaginaire qui apaise. Le second, qui prend naissance à partir de l'œuvre créée, est un retour par son intermédiaire dans la réalité sociale, retour qui, pour les raisons que nous avons indiquées, peut être diversement apprécié, car il dépend du consommateur. Or, le consommateur n'est jamais seul. Si nous éliminons le snob, dont nous avons déjà parlé, il représente l'expression d'un certain type de société, à une certaine époque. Et nous retrouvons là la culture et son rôle social.

Pour bien des raisons, les sociétés de l'ennui ont besoin de l'art et de la culture, qu'elles séparent de façon péremptoire du travail et de la production. D'abord, l'homme que l'on dit cultivé est celui qui a le temps de le devenir, celui que sa vie professionnelle laisse suffisamment disponible, ou dont la vie professionnelle est elle-même inscrite dans la culture. Dans une société marchande, être cultivé, c'est déjà appartenir à la partie favorisée de la société qui peut se permettre de le devenir. Accorder à ceux qui n'ont pas cette chance une participation à la culture, c'est en quelque sorte leur permet-

1 M'est-il permis de dire que de nos jours des artistes comme Salvador Dali ou Georges Mathieu (par exemple) dont le génie me paraît peu discutable, sont à la fois des « fuyards » et des « installés » ? Mais leur « installation » ne dépend pas tellement d'eux que du public

tre une ascension sociale. C'est un moyen de les gratifier narcissiquement, d'améliorer leur standing, d'enrichir l'image qu'ils peuvent donner d'eux-mêmes aux autres. Il est probable que ce processus découle directement du regret du bourgeois de ne pas appartenir à une aristocratie inutile, non productrice et cultivée. Qu'on se souvienne du Bourgeois Gentilhomme et de ses efforts pour acquérir les plumages culturels liés aux attributs de la classe à laquelle il tente d'accéder. Le Bourgeois Gentilhomme appartient à une race prolifique et qui s'est largement multipliée. Mais, dans la contestation de classe qui ne cesse de s'étendre, l'intérêt de la bourgeoisie étant de conserver avant tout ses prérogatives hiérarchiques de dominance et celles-ci n'étant plus exclusivement établies sur la naissance et le comportement, mais sur la propriété des marchandises, elle accepte bien volontiers de diffuser une culture, surtout si elle se vend. Elle compte par-là apaiser la rancœur due aux différences, tout en conservant les différences qui lui paraissent essentielles, le pouvoir, la dominance hiérarchiques. D'où l'effort qu'elle fait et auquel se laissent prendre les masses laborieuses, pour valoriser la culture, *sa* culture, tout en la séparant obstinément de l'activité professionnelle productrice, où son système hiérarchique demeure intransigeant. Il est bon de noter que si la société industrielle a institué depuis longtemps examens et concours pour établir ses échelles hiérarchiques sur les connaissances professionnelles, elle n'a jamais fait de même pour la culture, car celle-ci n'est pour elle qu'un amuse-gueule, incapable d'assurer un pouvoir social. Elle n'a donc pas besoin de hiérarchies, ni du contrôle des connaissances « culturelles ». Elle espère ainsi calmer le malaise, panser les plaies narcissiques de ceux qui n'ont pas le pouvoir, d'autant qu'en maintenant une différence de nature, une différence fondamentale entre activité productrice et activité culturelle, on peut même au sein de cette dernière exprimer une contestation du système hiérarchique de dominance établie dans la première. Les domaines sont si séparés qu'il n'y a aucune crainte de voir l'expression de l'imaginaire prendre en charge l'objectivité de la réalité sociale. Dans le cas même où l'intersection paraît possible, il faudrait encore trouver et mettre en place l'organisation sociale permettant de passer des concepts à la pratique. D'autre part, comme il y a là tout de même un rapprochement qui pourrait être dangereux, la culture diffusée sera le plus souvent celle dont le contenu sémantique ne paraît pas avoir d'incidence sociale contestataire du système dominant. Mais, même s'il en a une, on peut espérer que cela constitue un exutoire favorable. Certains psychosociologues ne prétendent-ils pas, avec raison semble-t-il, que les films de violence, loin de constituer une incitation à la violence pour celui qui les regarde, permettent au contraire un remaniement biologique analogue à la violence active, sans en avoir les inconvénients. Les chansonniers n'ont jamais été un facteur indispensable à l'apparition des révolutions. Or, la culture autorisée, désinfectée, pasteurisée, ne paraît pas plus dangereuse que les chansonniers à l'idéologie dominante. C'est presque une soupape de sécurité qui ne peut ébranler la solide charpente des dominations hiérarchiques, car ce n'est pas avec des mots que l'on fabrique de la monnaie. Il n'y a que dans les pays où le pouvoir hiérarchique n'est plus lié à la propriété des choses, mais au conformisme idéologique, que les mots reprennent de l'importance et que la culture, qui ne se vend pas, ne peut plus se permettre d'être déviante. En pays capitalistes au contraire, le système, cimenté par la puissance adhésive de la marchandise, accepte, pourvu qu'elle se vende, toute idée, même révolutionnaire. Sa vente ne peut que favoriser la cohésion du système et montrer le libéralisme idéologique de la société qui l'autorise.

Mais, en réalité, la raison primordiale à mon sens du prétendu libéralisme culturel des pays occidentaux, résulte du fait que la culture autorisée, ou même favorisée, est un fouillis où une chatte ne retrouverait pas ses petits. Ce bric-à-brac culturel est parfaitement exprimé par les pages roses du dictionnaire dont la connaissance permet d'émailler la conversation de citations latines ou autres et de hisser au haut des drisses les pavillons de reconnaissance de la société bourgeoise. Cette culture n'est pas à usage interne, mais externe, comme le petit rond métallique qui orne la boutonnière des membres du Rotary. Elle facilite, comme les galons, le comportement d'autrui à l'égard de l'échelon hiérarchique que vous avez atteint ou même elle permet, si la vie ne vous a pas été favorable, de conserver votre appartenance, en l'absence d'une activité productrice récompensée par la promotion sociale.

Le désordre de cette culture est tel, qu'elle ne peut présenter aucun danger pour un système socio-économique. C'est une culture sans structure, en pièces détachées, et chacun peut choisir dans le magasin culturel les pièces qui lui paraissent les mieux adaptées a sa propre gratification, suivant l'apprentissage de la vie sociale qui lui est propre. Il risque difficilement dans ces conditions de rencontrer de réelles contradictions, génératrices d'angoisse et de créativité.

Cette culture enfin est un amoncellement de jugements de valeur. Comment pourrait-il en être autrement puisque les mécanismes qui permettent à l'homme de voir, d'entendre, de penser, la clef de ses comportements d'attirance ou de retrait, de ses choix comme on dit, a été cachée, dès son enfance, sous son oreiller et qu'il n'a jamais l'occasion de faire son berceau. Sa mère s'en charge.

Tant que les hommes ne sauront pas que rien dans l'humaine adhérence au monde, rien de ce qui s'accumule dans leur système nerveux n'est isolé, séparé du reste, que tout se tient, s'organise, s'informe en lui, en obéissant à des lois strictes dont la plupart restent encore à découvrir, ils accepteront la division en homme productif et en homme de culture. Cette division elle-même est un phénomène culturel, comme la croyance à l'esprit et à la matière, au bien et au mal, au beau et au laid, etc. Et cependant, les choses se contentent d'être. C'est l'homme qui les analyse, les sépare, les cloisonne, et jamais de façon désintéressée. Au début, devant l'apparent chaos du monde, il a classé, construit ses tiroirs, ses chapitres, ses étagères. Il a introduit son ordre dans la nature pour agir. Et puis, il a cru que cet ordre était celui de la nature elle-même, sans s'apercevoir que c'était le sien, qu'il était établi avec ses propres critères, et que ces critères, c'étaient ceux qui résultaient de l'activité fonctionnelle du système lui permettant de prendre contact avec le monde : son système nerveux.

L'homme primitif avait la culture du silex taillé qui le reliait obscurément, mais complètement, à l'ensemble du cosmos. L'ouvrier d'aujourd'hui n'a même pas la culture du roulement à billes que son geste automatique façonne par l'intermédiaire d'une machine. Et pour retrouver l'ensemble du cosmos, pour se situer dans la nature, il doit s'approcher des fenêtres étroites que, dans sa prison sociale, l'idéologie dominante, ici ou là, veut bien entrouvrir pour lui faire prendre le frais. Cet air est lui-même empoisonné par les gaz d'échappement de la société industrielle. C'est lui pourtant que l'on appelle la Culture.

L'enfance

Quand il naît, l'enfant ne sait pas qu'il existe. Il ne le saura que bien plus tard, après avoir constitué son « schéma corporel ». En attendant, il se contente d'être dans ce que certains psychiatres appellent son « moi-tout » au sein duquel il ne se distingue pas du monde qui l'environne. Pour s'en distinguer, il a besoin d'agir, et c'est sans doute la raison pour laquelle le petit de l'Homme qui agit si tardivement sur son environnement, constitue si lentement son schéma corporel. On peut imaginer en effet que pour y parvenir il faut que le tact lui permette de se délimiter dans l'espace. En sentant au bout de ses doigts le contact d'une partie de son corps, laquelle sentira le contact de ses doigts, il percevra un circuit fermé sur lui-même alors que la sensation reste ouverte quand son corps entre en contact avec l'environnement. Il faut que par l'action sur les objets il réunisse dans son système nerveux des influx sensoriels qui le pénètrent par des canaux différents : tact, vue, ouïe, odorat, etc., mais qui ont leur source dans le même objet, ce que l'action sur cet objet lui permettra de découvrir. On peut sans doute dire qu'il s'agit là de réflexes conditionnés du premier degré puisqu'ils associent au sein du système nerveux enfantin des signaux d'origine sensorielle différente.

Cependant, ce système nerveux bien qu'encore immature possède déjà une structure pulsionnelle répondant aux besoins fondamentaux et une structure permettant l'apprentissage des automatismes imposés par le milieu, en d'autres termes capable de mémoire à long terme. Bien sûr, ses zones associatives corticales ne peuvent encore beaucoup lui servir, car n'ayant encore pas ou peu mémorisé, il n'a rien à associer.

Ses structures pulsionnelles le préviennent de l'état de bien-être ou de souffrance de son organisme et il réagira par exemple à l'absence d'alimentation par des cris. Ceux-ci seront vite apaisés par la sollicitude de la mère ou de la personne qui va assouvir ses besoins alimentaires. Ne sachant pas encore qu'il existe dans un milieu différent de lui, il va mémoriser, avec le retour du bien-être, les autres stimulations sensorielles qui sont associées à l'assouvissement de sa faim : l'odeur de la mère, la voix de la mère, la chaleur, le visage de la mère. Il s'agit sans doute là d'un processus analogue à celui de « l'empreinte » décrit par K. Lorenz chez ses oies. En résumé, des réflexes conditionnés établissent des rapports entre une récompense, l'assouvissement d'un besoin fondamental et les stimuli sensoriels d'origine externe qui les accompagnent.

Lorsque vers le huitième ou dixième mois, son action progressive sur le milieu lui fera prendre conscience de son existence distincte du milieu qui l'entoure, il va découvrir sa mère, source de toutes ses récompenses jusque-là. Mais quand il va aussi découvrir que cet objet gratifiant n'appartient pas qu'à lui seul, mais aussi au père, aux frères et sœurs, il comprendra d'un seul coup qu'il peut perdre en partie sa gratification et découvrira l'œdipe, la jalousie et l'amour malheureux.

Très vite, il découvrira aussi que les automatismes simples que l'on essaie d'introduire dans son système nerveux concernant l'alimentation ou les excrétions urinaire et fécale sont des sujets de récompense pour les parents, s'il s'y soumet. Il sera encouragé et flatté par eux dans ce dernier cas, puni dans le cas contraire. Il utilisera donc le non-conformisme comme moyen de punition à l'égard de ses parents, et déjà un réseau complexe d'interactions prendra naissance entre lui et le milieu qui l'entoure.

Son cerveau, avons-nous dit, est immature à la naissance. Cela veut dire en particulier que toutes connexions entre les neurones présents, connexions « synaptiques », ne sont point encore formées. Il existe une plasticité du système nerveux qui permettra à celui-ci de s'adapter à la richesse informative variable de l'environnement. On a pu montrer que de jeunes chats enfermés dès la naissance dans un espace clos dont les parois présentent des raies noires verticales, ne pourront plus, au bout de quelques semaines, « voir » des raies horizontales et inversement. Des animaux placés dès la naissance dans un environnement dit enrichi, c'est-à-dire occupé par des objets variés, seront capables à l'âge adulte de performances beaucoup plus complexes que les sujets maintenus dans un environnement banalisé. Des expériences nombreuses et variées montrent toute l'importance du milieu d'origine dans la formation du système nerveux. Aucun biologiste ne peut actuellement délimiter précisément la part de l'inné et de l'acquis dans un comportement humain. Mais si l'on admet que le système nerveux, comme toutes les caractéristiques biologiques, s'inscrit sans doute dans une courbe de Gauss, cela veut dire que la plupart de ses structures d'origine sont fort semblables et que l'influence du milieu, dès l'étape intra-utérine sans doute, est vraisemblablement prépondérante.

Mais il faut alors bien préciser ce que l'on entend par formation du système nerveux, c'est-à-dire par système éducatif en résumé. Les milieux sociaux sont évidemment fort différents et entre un enfant né dans les bidonvilles de Nanterre et celui né dans une famille bourgeoise du 16e arrondissement, il y a peu de points communs. L'influence du milieu, dans l'un et l'autre cas, n'aura presque toujours comme résultat que de créer des automatismes de comportements, de jugements, de pensée comme l'on dit, mais dans l'un et l'autre cas ce ne seront toujours que des automatismes. Ceux acquis dans le milieu bourgeois seront favorables généralement à une ascension hiérarchique passant le plus souvent par une « École ». Ils fourniront à celui auquel ils sont inculqués, un langage, une attitude, des habitudes, des jugements conformes à la structure hiérarchique de dominance, mais il n'est pas sûr qu'elle favorisera la créativité, l'originalité de pensée. C'est sans doute ce conformisme vaguement ressenti comme uniformisant qui pousse vers un autre conformisme, le snobisme, jugé à tort comme moins conforme, plus individualisant.

Il est bien sûr que l'enfant est l'entière expression de son milieu le plus souvent, même lorsqu'il se révolte contre lui puisque alors il n'en représente que la face inverse, contestataire. Il se comporte dans tous les cas par rapport aux critères des automatismes qui lui ont été imposés. Comment d'ailleurs un groupe social quel qu'il soit, s'il veut survivre, peut-il se comporter, si ce n'est en maintenant sa structure ou en tentant de s'approprier celle qui lui semble plus favorisée ? Comment un tel groupe social peut-il « élever » ses enfants, si ce n'est dans le conformisme ou le conformisme-anti ?

Or, à partir de l'expérience humaine d'une époque, n'y a-t-il pas mieux à faire que de reproduire des schémas antérieurs ? Comment l'adulte pourrait-il s'en dégager, si toute l'éducation n'a fait qu'alimenter son système nerveux en certitudes admirables, ce qui ne laisse aucune indépendance fonctionnelle aux zones associatives de son cerveau ? L'éducation de la créativité exige d'abord de dire qu'il n'existe pas de certitudes, ou du moins que celles-ci sont toujours temporaires, efficaces pour un instant donné de l'évolution, mais qu'elles sont toujours à redécouvrir dans le seul but de les abandonner, aussitôt que leur valeur opérationnelle a pu être démontrée. L'éducation que j'ai appelée « relativiste » me paraît être la seule digne du petit de l'Homme. Bien sûr, elle n'est pas « payante » sur le plan de la promotion sociale, mais Rimbaud, Van Gogh ou Einstein pour ne citer qu'eux, dont on se plaît à reconnaître aujourd'hui le génie, ont-ils jamais cherché leur promotion sociale ? Le développement de l'individualité qui en résulterait ne pourrait être que favorable à la collectivité, car celle-ci serait faite d'individus sans uniforme. Il me semble aussi qu'elle seule peut aboutir à la tolérance, car l'intolérance et le sectarisme sont toujours le fait de l'ignorance et de la soumission sans conditions aux automatismes les plus primitifs, élevés au rang d'éthiques, de valeurs éternelles jamais remises en cause.

Il est vrai que la notion de relativité des jugements conduit à l'angoisse. Il est plus simple d'avoir à sa disposition un règlement de manœuvre, un mode d'emploi, pour agir. Nos sociétés qui prônent si souvent, en paroles du moins, la responsabilité, s'efforcent de n'en laisser aucune à l'individu, de peur qu'il n'agisse de façon non conforme à la structure hiérarchique de dominance. Et l'enfant pour fuir cette angoisse, pour se sécuriser, cherche lui-même l'autorité des règles imposées par les parents. A l'âge adulte il fera de même avec celle imposée par la socio-culture dans laquelle il s'inscrit. Il se raccrochera aux jugements de valeur d'un groupe social, comme un naufragé s'accroche désespérément à sa bouée de sauvetage.

Une éducation relativiste ne chercherait pas à éluder la socio-culture, mais la remettrait à sa juste place : celle d'un moyen imparfait, temporaire, de vivre en société. Elle laisserait à l'imagination la possibilité d'en trouver d'autres et dans la combinatoire conceptuelle qui pourrait en résulter, l'évolution des structures sociales pourrait peut-être alors s'accélérer, comme par la combinatoire génétique l'évolution d'une espèce est rendue possible. Mais cette évolution sociale est justement la terreur du conservatisme, car elle est le ferment capable de remettre en cause les avantages acquis. Mieux vaut alors fournir à l'enfant une « bonne » éducation, capable avant tout de lui permettre de trouver un « débouché » professionnel honorable. On lui apprend à « servir », autrement dit on lui apprend la servitude à l'égard des structures hiérarchiques de dominance. On lui fait croire qu'il agit pour le bien commun, alors que la communauté est hiérarchiquement institutionnalisée, qu'elle le récompense de tout effort accompli dans le sens de cette servitude à l'institution. Cette servitude devient alors gratification. L'individu reste persuadé de son dévouement, de son altruisme, cependant qu'il n'a jamais agi que pour sa propre satisfaction, mais satisfaction déformée par l'apprentissage de la socio-culture.

Avec le recul des années, avec ce que j'ai appris de la vie, avec l'expérience des êtres et des choses, mais surtout grâce à mon métier qui m'a ouvert à l'essentiel de ce que nous savons aujourd'hui de la biologie des comportements, je suis effrayé par les automatismes qu'il est possible de créer à son insu dans le système nerveux d'un enfant. Il lui faudra dans sa vie d'adulte une chance exceptionnelle pour s'évader de cette prison, s'il y parvient jamais... Et si ses jugements par la suite lui font rejeter parfois avec violence ces automatismes, c'est bien souvent parce qu'un autre discours logique répond mieux à ses pulsions et fournit un cadre plus favorable à sa gratification. Ses jugements resteront, bien qu'antagonistes de ceux qui lui ont été inculqués primitivement, la conséquence directe de ceux-ci. Ce seront encore des jugements de valeur.

Il nous avait gentiment prévenus que si nous voulions accéder à son royaume, il nous fallait être comme des enfants. Ses paroles sont devenues un bouillon sirupeux dans lequel pataugent un infantilisme gâteux, un paternalisme infantilisé, un art en sucre d'orge, un langage grotesque, une caricature d'affectivité. Car son royaume n'était pas de ce monde, il était de celui de l'imaginaire, de celui des enfants. Il était cette page vierge sur laquelle ne sont point encore inscrits les graffiti exprimant les préjugés sociaux et les lieux communs d'une époque. C'était le monde du désir et non celui des automatismes, le monde de la créativité et non celui du travail ou de la leçon bien apprise. Celui qui pourrait être aussi le monde des Hommes et celui des lys des champs. Nous lui avons préféré celui de César et des pièces de monnaie, celui de la dominance et de la marchandise. Nous lui avons préféré le monde de la « culture » puisque celle-ci n'est en définitive que l'ensemble des préjugés et des lieux communs d'un groupe humain et d'une époque. L'enfant est inculte et c'est bien là sa chance. Il est énergie potentielle et non cinétique, homogénéisée. Dès qu'il entre dans la vie, ses potentialités vont s'actualiser, se figer dans des comportements conformes, envahies par l'entropie conceptuelle, incapables de retourner à leur source, de remonter le cours du temps et de l'apprentissage. Alors que le sol vierge de l'enfance pourrait donner naissance à ces paysages diversifiés où faune et flore s'harmonisent spontanément dans un système écologique d'ajustements réciproques, l'adulte se préoccupe essentiellement de sa mise en « culture », en « monoculture », en sillons tout tracés, où jamais le blé ne se mélange à la rhubarbe, le colza à la betterave, mais où les tracteurs et les bétonneuses de l'idéologie dominante ou de son contraire vont figer à jamais l'espace intérieur.

De toute façon, si vous rencontrez quelqu'un vous affirmant qu'il sait comment on doit élever des enfants, je vous conseille de ne pas lui confier les vôtres. Les parents, en paroles du moins, consciemment, désirent avant tout le bonheur de leurs enfants. Nous aurons à revenir plus loin sur cette notion du bonheur, et il est ici difficile d'envisager ce qu'il convient de faire pour que des enfants aient plus tard une vie heureuse, sans avoir précisé où se cache ce que l'on appelle le bonheur. Nous nous contenterons donc de souligner que dans la majorité des cas les parents jugent à l'avance, en adultes qui savent ce qu'est la vie, ce qui doit être enseigné à l'enfant pour qu'il ait le plus de chances possible, plus tard, de trouver le bonheur. Ils savent, ou croient savoir, que le bonheur est fonction du niveau atteint dans l'échelle hiérarchique, qu'il dépend de la promotion sociale. L'enfant entre donc très tôt dans la compétition. Il doit être premier en classe, bon élève, faire des devoirs, apprendre ses leçons qui toutes déboucheront plus ou moins tôt sur un acquis professionnel. Plus cet acquis atteindra un haut degré d'abstraction, plus celui qui le possède sera capable de s'intégrer dans le processus de production de marchandises, au niveau de l'invention, du contrôle, de la gestion des machines, seules capables de faire beaucoup d'objets en peu de temps ou dans la protection légale ou armée de la propriété privée, et plus il bénéficiera d'une promotion sociale lui assurant le bonheur. Sans doute, « tout cela n'est rien quand on n'a pas la santé », d'autant que sans elle, pas de force de travail efficace. D'où la notabilité dont bénéficie aussi, suivant des échelles hiérarchiques bien entendu, toute activité qui s'attache au service de l'hygiène et de la santé.

Ainsi, l'homme des sociétés industrielles va enseigner à ses enfants, et d'autant plus parfois qu'il a plus souffert lui-même de sa soumission aux hiérarchies, qu'il est situé plus bas sur leurs échelles, à s'élever sur celles-ci. Il est évidemment facile pour un fils de bourgeois et qui le demeure lui-même, de critiquer ce comportement, alors que tout son environnement lui a facilité son accession à un pouvoir relatif. De même, l'absence d'indépendance économique dans une société entièrement organisée sur la valeur économique des individus, ne peut être non plus considérée comme un facteur favorisant le bonheur. Comment se regarder soi-même avec une certaine tendresse, si les autres ne vous apprécient qu'à travers le prisme déformant de votre ascension sociale, lorsque cette ascension n'a pas dépassé les premières marches ? Comment peut-on parler d'égalité quand le pouvoir, qui crée les inégalités de toutes les espèces, s'acquiert par l'efficacité dans la production, la gestion et la vente des marchandises ?

Ainsi, lorsque des parents sont persuadés que le bonheur s'obtient par la soumission aux règles imposées par la structure socio-économique, il est compréhensible qu'ils imposent à leurs enfants l'acquisition coercitive des automatismes de pensée, de jugement et d'action conformes à cette structure. Mais s'ils pensent que le bonheur est une affaire personnelle, que l'équilibre biologique s'obtient par rapport à soi-même et non par rapport à la structure socio-économique du moment et du lieu, ce seront sans doute, pour l'ensemble social, de mauvais éducateurs, mais peut-être seront-ils de bons parents pour leurs enfants, si ceux-ci ne sont pas happés plus tard par le conformisme qu'ils peuvent alors peut-être leur reprocher de ne pas leur avoir appris.

Enfin, pourquoi les géniteurs seraient-ils les plus aptes à assurer cette éducation ? La sécurité et l'affection dont l'enfant a besoin ne sont pas leur apanage exclusif. Dans le type de famille patriarcale qui était le nôtre jusqu'à présent, cette affection et cette sécurité provenaient bien souvent du narcissisme parental, du besoin des parents de déjouer la mort à travers leur progéniture, de leur besoin de réaliser à travers eux la réussite sociale qu'ils n'avaient pas obtenue. L'amour pour l'enfant était d'ailleurs bien souvent fonction de cette réussite. On était fier de lui quand il avait franchi un autre palier de cette hiérarchie que n'avaient pas atteint ceux dont il était issu. Tout, dans ce type de famille, était construit autour de la propriété des choses et des êtres et de sa transmission héréditaire.

Or, on peut très bien imaginer que ce soit le groupe social dans son ensemble et non plus le groupe familial qui assure la protection et l'éducation de l'enfant. Il pourrait y trouver autant de sécurisation et d'affection. Celle-ci aurait l'avantage de ne pas être liée à un individualisme parental, dont le moins que l'on puisse dire c'est qu'il exprime le plus souvent une auto-admiration par génération interposée. Malheureusement, il semble que l'expérience qui a été tentée dans les kibboutzim israéliens, fort encourageante à certains points de vue, le soit moins à d'autres. Le groupe social n'est sans doute, jusqu'ici du moins, pas plus capable que le groupe familial, de ne pas imposer une structure mentale conformiste à l'enfant. On peut même se demander si l'individualisme familial ne présente pas parfois un polymorphisme plus attrayant que le collectivisme du groupe. La révolte contre le père y est plus facile du fait que celui-ci est unique et non collectif. Par la suite, la combinatoire conceptuelle résultant de la réunion d'individus ayant grandi dans des niches différentes, même si elles sont toutes soumises à l'idéologie dominante, risque d'être plus génératrice de conflits sans doute, mais aussi de créativité, que celle résultant de la réunion d'individus issus de la même niche environnementale collectivisée. Si bien qu'en définitive, si le rôle de l'adulte peut se résumer en disant qu'il doit favoriser chez l'enfant la conscience de lui-même et de ses rapports avec les autres (et pas seulement de production), la connaissance de et l'intérêt pour ces rapports sous toutes leurs formes : biologique, psychologique, sociologique, économique et en résumé politique, l'imagination pour en créer sans cesse de nouveaux mieux adaptés à l'évolution de la biosphère et de l'écologie humaine, par contre les moyens à utiliser pour y parvenir ne sont point encore et ne seront, espérons-le, jamais codifiés.

Avec une conscience lucide de ce que nous sommes, il est tout de même tragique de penser que l'éducation de l'enfant est confiée aux adultes, ne trouvez-vous pas ? C'est la raison du progrès technique évidemment. Mais c'est aussi celle de la reproduction millénaire des comportements sociaux les plus primitifs, de l'institutionnalisation de la foire d'empoigne. Alors, dans cette foire, vous pouvez apprendre à vos enfants à montrer leurs biceps, le torse nu dans une position avantageuse. Cette attitude risque d'impressionner les foules. Sinon, leur espace gratifiant sera sans doute particulièrement exigu. Peut-être tenteront-ils de fuir. Mais de quelle façon ? Prendront-ils le chemin de la drogue ou de l'alcool, toxique viril comme vous le savez. Celui de la névrose ou de l'agressivité individuelle ou collective ? Avec un peu de chance il se pourrait que ce soit celui de l'imaginaire créateur. De toute façon, vous n'y pouvez pas grand-chose. Avant de vouloir préparer vos enfants au bonheur, tâchez, si vous le pouvez, de ne pas participer à l'édification de leur malheur. C'est la grâce que je vous souhaite, et qui a peu de chance de vous être accordée si votre mort précoce ne leur fournit pas l'occasion de vous transformer en un mythe, qu'ils pourront alors façonner suivant leur désir.

Les autres

Nous savons maintenant que ce système nerveux vierge de l'enfant, abandonné en dehors de tout contact humain, ne deviendra jamais un système nerveux humain. Il ne lui suffit pas d'en posséder la structure initiale, il faut encore que celle-ci soit façonnée par le contact avec les autres, et que ceux-ci, grâce à la mémoire que nous en gardons, pénètrent en nous et que leur humanité forme la nôtre. Humanité accumulée au cours des âges et actualisée en nous.

Mais les autres, ce sont aussi ceux qui occupent le même espace, qui désirent les mêmes objets ou les mêmes êtres gratifiants, et dont le projet fondamental, survivre, va s'opposer au nôtre. Nous savons maintenant que ce fait se trouve à l'origine des hiérarchies de dominance. Les autres, ce sont aussi tous ceux avec lesquels, quand on leur est réuni, on se sent plus fort, moins vulnérable ; et pour se réunir, comme les cellules nées des mêmes cellules souches, le lien familial ne fut-il pas, dès l'origine, le plus immédiat, le plus évident, le plus simple ? Le clan primitif en est sorti. L'exploitation qu'il fit de sa niche écologique fut plus efficace que celle qu'aurait pu obtenir l'individu isolé. L'individu dont la raison d'être était la même que celle du clan, survivre, se sentait sans doute comme en faisant partie intégrante, se vivait peut-être plus comme membre d'un ensemble que comme individu. On peut penser aussi que la propriété était ressentie beaucoup plus comme celle du clan, contenu d'un espace nécessaire à sa survie, que comme celle de chaque homme appartenant au clan et dont l'addition à celle des autres aurait abouti à la propriété du groupe. Les hiérarchies et les dominances existaient certainement comme elles existent dans les sociétés animales, mais elles s'établissaient vraisemblablement sur la force, la ruse et non sur la propriété des choses. En résumé, l'absence de division du travail, la finalité identique de l'individu et du groupe, donnaient à l'homme primitif une conception de l'autre que nous avons aujourd'hui beaucoup de peine à imaginer.

Dès que l'information technique a servi de base à l'établissement des hiérarchies et que la finalité de l'individu a commencé à se dissocier de celle du groupe, l'établissement de sa dominance prévalant sur la survie du groupe, l'individualisme forcené qui s'épanouit à l'époque contemporaine fit son apparition. Les sociétés de pénurie possèdent vraisemblablement une conscience de groupe plus développée que les sociétés d'abondance. A moins que la pénurie soit telle qu'un sauve-qui-peut individuel devienne la meilleure chance de survie, comme ce fut le cas récemment chez les IKs dont Colin Turnbull a raconté la lamentable histoire[1], qui montre bien que tout ce qui fait l'homme est d'origine socio-culturelle et que tout peut donc être appris, transformé, automatisé. Il reste à savoir au bénéfice de qui, pour le maintien de quelle structure ? La conscience de groupe reparaît quand le groupe se trouve conduit à défendre son territoire contre l'envahissement par un groupe antagoniste. C'est alors l'union sacrée. Malheureusement, un territoire ne se défend pas s'il est vide. Ce n'est pas le territoire en réalité qui est défendu, mais l'ensemble complexe que forme celui-ci avec ceux qui l'habitent. Le groupe défend sa survie dans un

1. Colin Turnbull. *Un peuple de fauves*. Stock (1973).

certain territoire, mais un groupe est une structure organisée. Nous avons déjà parlé de la notion de patrie. C'est cet ensemble du cadre écologique et du groupe qui l'occupe, qu'exprime ce mot. Pour l'individu qu'il motive, qu'il anime, les autres, ses compatriotes, sont ceux possédant généralement la même langue, la même histoire (encore que celle-ci soit fort mal connue le plus souvent du patriote), les mêmes intérêts à défendre. Mais quand une société multinationale s'empare d'industries essentielles à la vie nationale sur le territoire national, doit-on mobiliser contre elle les forces armées et le citoyen doit-il considérer que « son » territoire est envahi par l'autre ? Il paraît évident, en d'autres termes, que ce qui est défendu dans « l'union sacrée », dans la guerre dite juste (elles le sont toujours), c'est avant tout une structure sociale hiérarchique de dominance. Ce sont presque toujours des guerres entre dominants, ceux-ci entraînant le peuple à défendre leur dominance, grâce à un discours logique et convaincant. N'a-t-on pas vu, il y a quelques années, l'évêque catholique de New York faire au Viêt-nam sa tournée des popotes en haranguant les G.I. pour qu'ils tuent le plus de Vietcongs possible, car ce faisant ils défendraient paraît-il la civilisation judéo-chrétienne ? Était-il conscient, le malheureux, que pour être évêque il fallait qu'il fût déjà animé par un besoin peu commun de domination, dans un système hiérarchique qui l'avait récompensé de sa soumission ? Avait-il eu jamais le désir d'être curé de campagne ou prêtre-ouvrier ? Quant à sa civilisation judéo-chrétienne, quel triste exemple la guerre du Viêt-nam a-t-elle pu en donner !

Nous ne sommes donc rien sans les autres, et pourtant les autres sont les ennemis, les envahisseurs de notre territoire gratifiant, les compétiteurs dans l'appropriation des objets et des êtres. Au moyen d'une tromperie grossière on arrive parfois, en période de crise, à faire croire à l'individu qu'il défend l'intérêt du groupe et se sacrifie pour un ensemble, alors que cet ensemble étant déjà organisé sous forme d'une hiérarchie de dominance, c'est en fait à la défense d'un système hiérarchique qu'il sacrifie sa vie. Enfin, le groupe constituant un système fermé entre en compétition avec les autres systèmes fermés qui constituent les autres groupes, corporatifs, fonctionnels (de classe), nationaux, etc. et un discours logique trouve toujours un alibi indiscutable pour motiver le meurtre de l'autre ou son asservissement.

Et ce n'est certes pas en prêchant l'amour que l'on changera quelque chose à cet état de fait. Nous avons dit ce que nous pensions de l'amour. Il y a des milliers d'années que périodiquement on nous parle de l'amour qui doit sauver le monde. C'est un mot qui se trouve en contradiction avec l'activité des systèmes nerveux en situation sociale. Il n'est prononcé d'ailleurs que par des dominants culpabilisés par leur bien-être et qui devinent la haine des dominés, ou par des dominés qui se sont brisé les os contre la froide indifférence des dominances. Il n'existe pas d'aire cérébrale de l'amour. C'est regrettable. Il n'existe qu'un faisceau du plaisir, un faisceau de la réaction agressive ou de fuite devant la punition et la douleur et un système inhibiteur de l'action motrice quand celle-ci s'est montrée inefficace. Et l'inhibition globale de tous ces mécanismes aboutit non à l'amour mais à l'indifférence.

La seule solution qui paraisse applicable consiste à retrouver le comportement des origines, c'est-à-dire à faire coïncider la finalité individuelle à celle du groupe. Mais ce groupe s'est élargi aujourd'hui à l'échelle de la planète et se nomme l'espèce. Toute finalité individuelle conforme à l'intérêt d'un système fermé, celui d'un groupe quel qu'il soit, donc forcément antagoniste, ne peut aboutir qu'à la destruction, à la négation, à la disparition de l'autre. Et ce ne sont pas les beaux sentiments qui changeront quelque chose.

Pourquoi s'intéresser tant à l'espèce ? N'est-ce pas

une vue idéaliste, un faux-fuyant qui permet de se désintéresser du « prochain » en prônant une vue cosmique des autres qui n'engage à rien dans l'immédiat ? Une fuite de la vie quotidienne pour un imaginaire gratifiant et irréalisable ? Que peut bien nous faire l'avenir de l'espèce puisque nous n'y participerons pas ? Mais en réalité chacun de nous participe à cet avenir et il n'y aura pas d'avenir si nous ne l'imaginons pas. Il n'y aura qu'un perpétuel retour du passé qui se transformera en subissant les lois implacables de la nécessité. Affectivement, je me moque bien de l'avenir de l'espèce, c'est vrai. Si l'on me dit que c'est pour mes enfants et les enfants de mes enfants que je souhaite un monde différent, et que cela est « bien », je répondrai que ce n'est alors que l'expression de mon narcissisme, du besoin que j'éprouve de me prolonger, de truquer avec la mort à travers une descendance qui ne présente pour moi d'intérêt que parce qu'elle est issue de moi. Ne vaut-il pas mieux alors rester célibataire, ne pas se reproduire, que de limiter les « autres » à cette petite fraction rapidement très mélangée et indiscernable de nous-mêmes ? Sommes-nous si intéressants que nous devions infliger notre présence au monde futur à travers celle de notre progéniture ? Depuis que j'ai compris cela, rien ne m'attriste autant que cet attachement narcissique des hommes aux quelques molécules d'acide désoxyribonucléique qui sortent un jour de leurs organes génitaux.

Non, l'intérêt pour l'espèce résulte, je le crois, non d'un idéalisme au grand cœur, non d'un humanisme généreux et d'abord pour nous-mêmes, pas plus qu'il ne représente une solution de facilité car il ne rapporte rien, à l'encontre de l'intérêt pour un sous-groupe dominant. Il résulte d'une construction logique, d'une évidence dénuée de toute affectivité. Il fait simplement partie des moyens qu'une structure peut utiliser pour survivre, sans savoir s'il est « bon » ou « mauvais » qu'elle survive, et sans savoir même si elle survivra. Mais j'accepte que l'on me dise que ce n'est encore qu'une soumission à une pression de nécessité. Du moins est-ce au niveau de conscience atteint par l'Homme en traversant l'histoire. Il s'agit alors d'une pression de nécessité, taillée à sa mesure, à celle de ses lobes associatifs orbito-frontaux. Ce n'est plus celle des espèces qui nous ont précédés et qui s'ignorent en tant qu'espèces.

La liberté

Au cours des nombreuses conférences que j'ai pu prononcer, les discussions qui ont suivi m'ont montré que la notion la plus choquante comme la plus difficile à admettre par un auditoire, quelle que soit la structure sociale de celui-ci, c'est l'absence de liberté humaine. La notion de liberté est confuse parce que l'on ne précise jamais en quoi consiste la liberté dont on parle, qui n'est alors qu'un concept flou et affectivement abordé. Notion difficile à admettre que l'absence de liberté humaine, car elle aboutit à l'écroulement de tout un monde de jugements de valeur sans lequel la majorité des individus se sentent désemparés. L'absence de liberté implique l'absence de responsabilité, et celle-ci surtout implique à son tour l'absence de mérite, la négation de la reconnaissance sociale de celui-ci, l'écroulement des hiérarchies. Plutôt que de perdre le cadre conceptuel au sein duquel le narcissisme s'est développé depuis l'enfance, la majorité des individus préfère refuser tout simplement d'admettre la discussion sur le sujet. On admet que la liberté est « une donnée immédiate de la conscience ». Or, ce que nous *appelons liberté, c'est la possibilité de réaliser les actes qui nous gratifient, de réaliser notre projet, sans nous heurter au projet de l'autre. Mais l'acte gratifiant n'est pas libre.* Il est même entièrement déterminé. Pour agir, il faut être motivé et nous savons que cette motivation, le plus souvent inconsciente, résulte soit d'une pulsion endogène, soit d'un automatisme acquis et ne cherche que la satisfaction, le maintien de l'équilibre biologique, de la structure organique. L'absence de liberté résulte donc de l'antagonisme de deux déterminismes comportementaux et de la domination de l'un sur l'autre. Dans un ensemble social, la sensation fallacieuse d'être libre pourrait s'obtenir en créant des automatismes culturels tels que le déterminisme comportemental de chaque individu aurait la même finalité, autrement dit tels que la programmation de chaque individu aurait le même but, mais situé en dehors de lui-même. Ceci ne serait encore qu'une apparence car ce serait en réalité, pour lui, pour éviter la punition sociale, ou mériter sa récompense, pour se gratifier en définitive, que l'individu agirait encore. Ceci est possible en période de crise, quel que soit le régime socio-économique, c'est-à-dire dans un système hiérarchique de dominance.

La sensation fallacieuse de liberté s'explique du fait que ce qui conditionne notre action est généralement du domaine de l'inconscient, et que par contre le discours logique est, lui, du domaine du conscient. C'est ce discours qui nous permet de croire au libre choix. Mais comment un choix pourrait-il être libre alors que nous sommes inconscients des motifs de notre choix, et comment pourrions-nous croire à l'existence de l'inconscient puisque celui-ci est par définition inconscient ? Comment prendre conscience de pulsions primitives transformées et contrôlées par des automatismes socio-culturels lorsque ceux-ci, purs jugements de valeur d'une société donnée à une certaine époque, sont élevés au rang d'éthique, de principes fondamentaux, de lois universelles, alors que ce ne sont que les règlements de manœuvres utilisés par une structure sociale de dominance pour se perpétuer, se survivre ? Les sociétés libérales ont réussi à convaincre l'individu que la liberté se trouvait dans l'obéissance aux règles des hiérarchies du moment et dans l'institutionnalisation des règles qu'il faut observer pour s'élever dans ces hiérarchies. Les pays socialistes ont réussi à convaincre l'individu que lorsque la propriété privée des moyens de production et d'échanges était supprimée, libéré de l'aliénation de sa force de travail au capital, il devenait libre, alors qu'il reste tout autant emprisonné dans un système hiérarchique de dominance.

La sensation fallacieuse de liberté vient aussi du fait que le mécanisme de nos comportements sociaux n'est entré que depuis peu dans le domaine de la connaissance scientifique, expérimentale, et ces mécanismes sont d'une telle complexité, les facteurs qu'ils intègrent sont si nombreux dans l'histoire du système nerveux d'un être humain, que leur déterminisme semble inconcevable. Ainsi, le terme de « liberté » ne s'oppose pas à celui de « déterminisme » car le déterminisme auquel on pense est celui du principe de causalité linéaire, telle cause ayant tel effet. Les faits biologiques nous font heureusement pénétrer dans un monde où seule l'étude des systèmes, des niveaux d'organisation, des rétroactions, des servomécanismes, rend ce type de causalité désuet et sans valeur opérationnelle. Ce qui ne veut pas dire qu'un comportement soit libre. Les facteurs mis en cause sont simplement trop nombreux, les mécanismes mis en jeu trop complexes pour qu'il soit dans tous les cas prévisible. Mais les règles générales que nous avons précédemment schématisées permettent de comprendre qu'ils sont cependant entièrement programmés par la structure innée de notre système nerveux et par l'apprentissage socio-culturel.

Comment être libre quand une grille explicative implacable nous interdit de concevoir le monde d'une façon différente de celle imposée par les automatismes socio-culturels qu'elle commande ? Quand le prétendu choix de l'un ou de l'autre résulte de nos pulsions instinctives, de notre recherche du plaisir par la dominance et de nos automatismes socio-culturels déterminés par notre niche environnementale ? Comment être libre aussi quand on sait que ce que nous possédons dans notre système nerveux, ce ne sont que nos relations intériorisées avec les autres ? Quand on sait qu'un élément n'est jamais séparé d'un ensemble ? Qu'un individu séparé de tout environnement social devient un enfant sauvage qui ne sera jamais un homme ? Que l'individu n'existe pas en dehors de sa niche environnementale à nulle autre pareille qui le conditionne entièrement à être ce qu'il est ? Comment être libre quand on sait que cet individu, élément d'un ensemble, est également dépendant des ensembles plus complexes qui englobent l'ensemble auquel il appartient ? Quand on sait que l'organisation des sociétés humaines jusqu'au plus grand ensemble que constitue l'espèce, se fait par niveaux d'organisation qui chacun représente la commande du servomécanisme contrôlant la régulation du niveau sous-jacent ? La liberté ou du moins l'imagination créatrice ne se trouve qu'au niveau de la finalité du plus grand ensemble et encore obéit-elle sans doute, même à ce niveau, à un déterminisme cosmique qui nous est caché, car nous n'en connaissons pas les lois.

La liberté commence où finit la connaissance (J. Sauvan). Avant, elle n'existe pas, car la connaissance des lois nous oblige à leur obéir. Après, elle n'existe que par l'ignorance des lois à venir et la croyance que nous avons de ne pas être commandés par elles puisque nous les ignorons. En réalité, ce que l'on peut appeler « liberté », si vraiment nous tenons à conserver ce terme, c'est l'indépendance très relative que l'homme peut acquérir en découvrant, partiellement et progressivement, les lois du déterminisme universel. Il est alors capable, mais seulement alors, d'imaginer un moyen d'utiliser ces lois au mieux de sa survie, ce qui le fait pénétrer dans un autre déterminisme, d'un autre niveau d'organisation qu'il ignorait encore. Le rôle de la science est de pénétrer sans cesse dans un nouveau niveau d'organisation des lois universelles. Tant que l'on a ignoré les lois de la gravitation, l'homme a cru qu'il pouvait être libre de voler. Mais comme Icare il s'est écrasé au sol. Ou bien encore, ignorant qu'il avait la possibilité de voler, il ne savait être privé d'une liberté qui n'existait pas pour lui. Lorsque les lois de la gravitation ont été connues, l'homme a pu aller sur la lune. Ce faisant, il ne s'est pas libéré des lois de la gravitation mais il a pu les utiliser à son avantage.

Même lorsque l'Homme remplit pleinement son rôle d'Homme en parvenant, grâce à son imagination créatrice, non à se soustraire aux déterminismes qui l'aliénaient, mais, en appliquant leurs lois, à les utiliser au mieux de sa survie et de son plaisir, même dans ce cas il ne réalise pas un choix, un libre choix. Car son imagination ne fonctionne que s'il est motivé, donc animé par une pulsion endogène ou un événement extérieur. Son imagination ne peut fonctionner aussi qu'en utilisant un matériel mémorisé qu'il n'a pas choisi librement mais qui lui a été imposé par le milieu. Et finalement, quand une ou plusieurs solutions neuves sont apparemment livrées à son « libre choix », c'est encore en répondant à ses pulsions inconscientes et à ses automatismes de pensée non moins inconscients qu'il agira.

Il est intéressant de chercher à comprendre les raisons qui font que les hommes s'attachent avec tant d'acharnement à ce concept de liberté. Il faut noter tout d'abord qu'il est sécurisant pour l'individu de penser qu'il peut « choisir » son destin puisqu'il est libre. Il peut le bâtir de ses mains. Or, curieusement, dès qu'il naît au monde, sa sécurisation il la cherche au contraire dans l'appartenance aux groupes : familial, puis professionnel, de classe, de nation, etc., qui ne peuvent que limiter sa prétendue liberté puisque les relations qui vont s'établir avec les autres individus du groupe se feront suivant un système hiérarchique de dominance. L'homme libre ne désire rien tant que d'être paternalisé, protégé par le nombre, l'élu ou l'homme providentiel, l'institution, par des lois qui ne sont établies que par la structure sociale de dominance et pour sa protection.

Il lui est agréable aussi de penser qu'étant libre il est « responsable ». Or, on peut observer que cette prétendue responsabilité s'accroît avec le niveau atteint dans l'échelle hiérarchique. Ce sont les cadres et les patrons, bien sûr, qui sont responsables, et la responsabilité se trouve à la base de la contrepartie de dominance accordée à ceux auxquels elle échoit.

En effet, c'est grâce à la responsabilité que l'on peut acquérir un « mérite », lequel est alors récompensé par la dominance accordée par la structure sociale qu'elle a contribué à consolider.

Et l'homme, libre de se soumettre au conformisme ambiant, bombe le torse, étale ses décorations sur sa poitrine, fait le beau et peut ainsi satisfaire l'image idéale de lui qu'il s'est faite en regardant son reflet, comme Narcisse, sur la surface claire d'un ruisseau. Ce reflet, c'est la communauté humaine à laquelle il appartient qui le lui renvoie.

Mais s'il n'existe pas de liberté de la décision, il ne peut exister de responsabilité. Tout au plus peut-on dire que du point de vue professionnel, l'accomplissement d'une fonction exige un certain niveau d'abstraction des connaissances techniques et une certaine quantité d'informations professionnelles qui permettent d'assurer efficacement ou non cette fonction. En possession de cet acquis, la décision est obligatoire, c'est pourquoi ses facteurs sont de plus en plus souvent confiés aux ordinateurs. Ou bien, si plusieurs choix sont possibles, la solution adoptée en définitive appartient au domaine de l'inconscient pulsionnel ou de l'acquis socio-culturel. On fait la guerre du Viêt-nam avec des ordinateurs et on la perd, car le choix des informations fournies à l'ordinateur n'est pas libre, mais commandé par les mêmes mécanismes inconscients.

On peut objecter que la récolte des informations, dur travail, exige une « volonté » particulièrement opiniâtre. Mais dans les mécanismes nerveux centraux, où siège cette volonté qui fait les hommes forts ? Représente-t-elle autre chose que la puissance de la motivation la plus triviale, la recherche du plaisir et son obtention par la dominance le plus souvent ? Plus l'assouvissement du besoin est ressenti comme indispensable à la survie, à l'équilibre biologique, au « bonheur », plus la motivation, c'est-à-dire la volonté, sera forte de l'assouvir. Peut-on nier la part de l'apprentissage socio-culturel qui depuis l'enfance, de génération en génération, signale aux petits de l'Homme que l'effort, le travail, la volonté, sont à la base de la réussite sociale, de l'élévation dans les hiérarchies, donc du bonheur ? L'idéal du moi ne peut s'établir dans ce contexte sans favoriser la « volonté ». Mais aura-t-on l'outrecuidance de prétendre qu'elle est l'expression de la liberté ?

En résumé, la liberté, répétons-le, ne se conçoit que par l'ignorance de ce qui nous fait agir. Elle ne peut exister au niveau conscient que dans l'ignorance de ce qui meuble et anime l'inconscient. Mais l'inconscient lui-même, qui s'apparente au rêve, pourrait faire croire qu'il a découvert la liberté. Malheureusement, les lois qui gouvernent le rêve et l'inconscient sont aussi rigides, mais elles ne peuvent s'exprimer sous la forme du discours logique. Elles expriment la rigueur de la biochimie complexe qui règle depuis notre naissance le fonctionnement de notre système nerveux.

Il faut reconnaître que cette notion de liberté a favorisé par contre l'établissement des hiérarchies de dominance puisque, dans l'ignorance encore des règles qui président à leur établissement, les individus ont pu croire qu'ils les avaient choisies librement et qu'elles ne leur étaient pas imposées. Quand elles deviennent insupportables, ils croient encore que c'est librement qu'ils cherchent à s'en débarrasser.

Combattre l'idée fallacieuse de Liberté, c'est espérer en gagner un peu sur le plan sociologique. Mais, pour cela, il ne suffit pas d'affirmer son absence. Il faut aussi démonter les mécanismes comportementaux dont la mise en évidence permet de comprendre pourquoi elle n'existe pas. Ce n'est qu'alors qu'il sera peut-être possible de contrôler ces mécanismes et d'accéder à un nouveau palier du déterminisme universel, qui pendant quelques millénaires sentira bon la Liberté, comparé au palier sur lequel l'humanité se promène encore.

A-t-on pensé aussi que dès que l'on abandonne la notion de liberté, on accède immédiatement, sans effort, sans tromperie langagière, sans exhortations humanistes, sans transcendance, à la notion toute simple de *tolérance ?* Mais, là encore, c'est enlever à celle-ci son apparence de gratuité, de don du prince, c'est supprimer le mérite de celui qui la pratique, comportement flatteur empreint d'humanisme et que l'on peut toujours conseiller, sans jamais l'appliquer, puisqu'il n'est pas obligatoire du fait qu'il est libre. Pourtant, il est probable que l'intolérance dans tous les domaines résulte du fait que l'on croit l'autre libre d'agir comme il le fait, c'est-à-dire de façon non conforme à nos projets. On le croit libre et donc responsable de ses actes, de ses pensées, de ses jugements. On le croit libre et responsable s'il ne choisit pas le chemin de la vérité, qui est évidemment celui que nous avons suivi. Mais si l'on devine que chacun de nous depuis sa conception a été placé sur des rails dont il ne peut sortir qu'en « déraillant », comment peut-on lui en vouloir de son comportement ? Comment ne pas tolérer, même si cela nous gêne, qu'il ne transite pas par les mêmes gares que nous ? Or, curieusement, ce sont justement ceux qui « déraillent », les malades mentaux, ceux qui n'ont pas supporté le parcours imposé par la S.N.C.F., par le destin social, pour lesquels nous sommes le plus facilement tolérants. Il est vrai que nous les supportons d'autant mieux qu'ils sont enfermés dans la prison des hôpitaux psychiatriques. Notez aussi que si les autres sont intolérants envers nous, c'est qu'ils nous croient libres et responsables des opinions contraires aux leurs que nous exprimons. C'est flatteur, non ?

La mort

La mort de quoi ? Celle d'une « enveloppe charnelle » comme on dit, dont nous savons que les caractéristiques spécifiques, celles qui la font appartenir au groupe « homo sapiens », n'est que le résultat d'une longue suite d'événements évolutifs aux déterminismes desquels nous ne participons pas. Ce morceau de chair que nous sommes est l'aboutissement depuis deux ou trois milliards d'années de l'évolution des espèces au sein de la biosphère. Plus près de nous, elle résulte, depuis le début de l'évolution de l'histoire humaine, d'une combinatoire génétique qui, à travers les générations, a conduit l'espèce jusqu'à nous. La combinaison du capital génétique du spermatozoïde et de celui de l'ovule dont l'union a donné naissance à l'individu que nous sommes, nous n'avons aucun moyen de l'influencer jusqu'ici. Bien plus, cire vierge ayant les caractéristiques requises pour être enregistrée, si on l'abandonne dès sa naissance, elle se durcira de telle façon qu'après quelques années aucune impression ne sera plus possible. Cette matrice biologique en restera au stade où l'ont conduite les espèces qui nous ont précédés. Elle utilisera dans son comportement le cerveau reptilien, celui des vieux mammifères, celui des mammifères plus récents même, mais jamais elle ne pourra utiliser efficacement les zones associatives de son néocortex préfontal. C'est ce que l'on voit chez l'enfant sauvage. Pour être un Homme, il lui faut le langage et à travers lui, l'apprentissage des aînés. En d'autres termes, il faut qu'elle intériorise très tôt dans le système nerveux perfectionné qu'elle possède, certaines activités fonctionnelles qui lui viennent des autres. Et les autres, ce ne sont pas seulement les êtres humains qui peuplent sa « niche » présente mais, par l'intermédiaire de ceux-ci et grâce au langage, tous les « autres » qui, depuis le début des temps humains jusqu'à nos sociétés modernes ont transmis, de génération en génération, leur expérience accumulée.

Ainsi, ce que la mort fera disparaître avec la matrice biologique qui ne peut en rien assurer à elle seule la création d'une personnalité, ce sont « les autres ». Mais alors, peut-on dire que « nous sommes nous », simplement parce que les autres se sont présentés dans un certain ordre, temporel, variable avec chacun suivant certaines caractéristiques, variables essentiellement avec le milieu, avec la niche que le hasard de la naissance nous a imposés ?

Peut-on dire que nous existons en tant qu'individu alors que rien de ce qui constitue cet individu ne lui appartient ? Alors qu'il ne constitue qu'une confluence, qu'un lieu de rencontre particulier « des autres » ? Notre mort n'est-elle pas en définitive la mort des autres ?

Cette idée s'exprime parfaitement par la douleur que nous ressentons à la perte d'un être cher. Cet être cher, nous l'avons introduit au cours des années dans notre système nerveux, il fait partie de notre niche. Les relations innombrables établies entre lui et nous et que nous avons intériorisées, font de lui une partie intégrante de nous-mêmes. La douleur de sa perte est ressentie comme une amputation de notre moi, c'est-à-dire comme la suppression brutale et définitive de l'activité nerveuse (d'une partie peut-on dire de notre système nerveux, puisque l'activité de celui-ci est supportée par la matière biologique) que nous tenions de lui. Ce n'est pas lui que nous pleurons, c'est nous-mêmes. Nous pleurons cette partie de lui qui était en nous et qui était nécessaire au fonctionnement harmonieux de notre système nerveux. La douleur « morale » est bien celle d'une amputation sans anesthésie.

Ainsi, ce que nous emportons dans la tombe, c'est essentiellement ce que les autres nous ont donné. Et que leur avons-nous rendu ? Le plus souvent nous n'avons fait que transmettre d'une génération à l'autre l'expérience accumulée. Il n'est pas utile pour cela d'être professeur, d'avoir passé l'agrégation. Il suffit de vivre et de parler. En ce sens, chaque homme enseigne, transmet aux autres ce qui lui fut appris. Il transmet la vision de sa niche telle que les autres l'ont préparée, telle que les autres la lui ont décrite, et telle qu'il l'a acceptée. Il n'est même pas besoin pour cela de se reproduire, de transmettre l'acquis génétique. La transmission orale fut longtemps la seule et reste pour la majorité des hommes contemporains l'unique rôle qu'ils aient à jouer pendant leur court passage sur la planète. Serait-ce assez pour se montrer exigeant, pour attendre des autres plus qu'ils ne nous ont donné ? Puisque nous ne faisons le plus souvent que de transmettre un message technique, une expérience, pouvons-nous exiger des autres plus que la transmission à nous-mêmes du message technique qui leur a été transmis ? En réalité, ce que nous pouvons exiger c'est que ce message nous soit intégralement transmis, sans être amputé des signes indispensables à sa compréhension, par le déterminisme social de notre naissance. Ce que nous pouvons exiger aussi, c'est qu'on ne nous force pas à apprendre par cœur ce message, de telle façon que nous soyons incapables ensuite d'en changer un seul mot. S'il en avait été ainsi pour tous depuis l'aube des temps humains, nous casserions encore du silex à l'entrée de grottes obscures. Si les connaissances de l'Homme à travers les siècles se sont enrichies pour déboucher sur notre monde moderne, c'est bien que le message s'est complexifié depuis les origines. Cela, nous le devons à quelques hommes qui ont ajouté à ce que leur avaient donné les autres une part sortie d'eux-mêmes et que le message ne contenait pas avant eux. Les autres sont morts, bien morts, alors qu'eux vivent encore en nous, souvent inconnus mais présents. Ils vivent encore en nous puisque ce qu'ils ont apporté au monde humain continue sa carrière au sein de notre système nerveux. Nous savons que ce qu'ils ont apporté au monde, c'est une construction neuve qu'ils ont fait naître des associations rendues possibles par les zones associatives de leur cortex orbito-frontal. Ne sont-ils pas les seuls en réalité à pouvoir assumer pleinement le nom d' « Homme » ?

A quoi sert de conserver une dépouille entourée de bandelettes ou plongée dans l'azote liquide, si cette matrice biologique de son vivant n'a servi à rien d'autre qu'à recevoir, sans jamais rien donner ? Si elle n'a jamais rien fait d'autre que de transmettre, et souvent en le déformant, le message qui lui a été confié et que tout autre aurait transmis à sa place ? Du seul fait du nombre croissant des hommes, le message a de moins en moins de chances de se perdre d'ailleurs. Mais ce qui serait essentiel, c'est que du fait du nombre croissant des hommes, le message puisse s'enrichir constamment de l'apport original de tous. Or, cela ne sera possible que le jour où nous aurons trouvé le moyen de ne pas paralyser dès l'enfance le fonctionnement des zones associatives. Le jour où nous aurons appris à ne pas immobiliser chaque individu dans sa niche. Le jour où nous lui aurons appris le moyen de s'enrichir d'acquisitions neuves qu'il pourra transmettre autour de lui et après lui. Le seul héritage qui compte n'est pas l'héritage familial de biens matériels ou de traditions et de valeurs changeantes et discutables, mais l'héritage humain de la connaissance. De même que le paysan d'hier tentait, durant sa courte vie, d'enrichir le patrimoine familial d'un lopin de terre supplémentaire, chaque homme de demain devra être capable d'enrichir le domaine de la connaissance humaine de son apport unique et irremplaçable.

C'est ainsi que la mort paraît pouvoir être réellement vaincue. Jusque-là, notre mort n'est jamais que la mort de ceux qui sont en nous. Mais à partir de là c'est chaque homme qui laissera sa trace indélébile dans le système nerveux de ceux dont les matrices biologiques lui survivront et qui transmettront à travers les âges cette petite parcelle de nouveauté imputrescible que représente tout apport original à la connaissance humaine.

Mais peut-être aussi le rôle de chaque homme est-il plus simple encore ? Peut-être a-t-il consisté depuis l'origine de l'Histoire à vivre, puisque ce faisant il s'introduit dans la niche de ceux qui l'entourent et que, du seul fait de sa présence, cette niche ne sera jamais plus ni tout à fait la même ni tout à fait une autre ? Mais, dans ce cas, pouvons-nous encore parler de l'individu sans sourire ?

Dans notre organisme, certaines cellules chaque jour naissent, vivent et meurent sans que notre organisme, lui, cesse pour cela de vivre. Chaque jour, dans l'espèce humaine des individus naissent, vivent et meurent sans que l'espèce interrompe pour autant sa destinée. Chaque cellule durant sa courte vie remplit la fonction qui lui est dévolue en s'intégrant dans la finalité de l'ensemble. Chaque individu fait de même au sein de l'espèce. Nous ne nous attristons pas sur le sort réservé à ces cellules passagères. Pourquoi devrions-nous nous attrister sur celui des individus qui ont contribué à l'évolution déjà longue de l'espèce humaine ? Cette analogie semble montrer que l'individu isolé ne signifie rien. Sur le plan biologique comme sur le plan culturel, il ne représente qu'un sous-ensemble cellulaire, un élément isolé d'un tout. Il n'a pas d'existence propre par lui-même. Il n'y a que l'ignorance de ce que nous sommes qui a pu nous faire croire à la possibilité de l'existence de l'individu isolé dans un milieu de culture non humain et capable de conserver malgré tout ses caractéristiques personnelles, alors que celles-ci ne sont que la conséquence de ce que le milieu humain les a faites.

Nous avons dit ailleurs[1] ce que représente ce que nous avons appelé l'« information-structure », la mise en forme de la matière dans les organismes vivants. Nous avons rappelé que cela n'était ni masse ni énergie, comme l'a souligné Wiener pour l'information en général. Mais aussi qu'elle avait besoin de la masse et de l'énergie comme support. Cette mise en forme de l'organisme humain, de son système nerveux en particulier, va s'enrichir, dès la conception sans doute, de l'expérience qu'elle acquiert au contact de l'environnement. Sur une forme de base, une forme nouvelle prendra naissance, que le milieu va modeler. Mais le fait réellement humain résulte de la possibilité que possède le cerveau de notre espèce de donner naissance, par un travail associatif des faits mémorisés, à un troisième niveau de structure qui vient s'ajouter aux structures innées, puis acquises. Ce sont les structures imaginaires. L'Homme ajoute de l'information à la matière. Il peut aussi, grâce aux langages, la sortir de lui, y faire participer les autres. Les faire participer, c'est-à-dire les informer, structurer leurs systèmes nerveux, à partir de la structure qui a pris naissance dans le sien. Or, cette nouvelle structure, cette information, en devenant circulante, n'est plus liée à la forme biologique mortelle dont elle est née. La forme innée et la forme acquise peuvent mourir, celle-là vivra dans le système nerveux des autres. Elle pourra même y croître et s'y multiplier, ce que ne fera jamais un organe greffé avec succès. Car celui-ci poursuivra son chemin inéluctable vers la mort dans laquelle l'a précédé l'organisme auquel il a été prélevé. La seule façon que nous ayons de survivre, de ne pas mourir, c'est à l'évidence de nous incruster dans les autres et, pour les autres, la seule façon de survivre c'est de s'incruster en nous. Mais cette incrustation n'est pas celle de l'image tronquée qu'un individu

1. Laborit (H.) : *La Nouvelle Grille*, R. Laffont éditeur (1974).

peut fournir de lui-même, toujours passagère et fugitive, mais celle des concepts qu'il a pu engendrer. *La vraie famille de l'Homme, ce sont ses idées, et la matière et l'énergie qui leur servent de support et les transportent, ce sont les systèmes nerveux de tous les hommes qui à travers les âges se trouveront « informés » par elles. Alors, notre chair peut bien mourir, l'information demeure, véhiculée par la chair de ceux qui l'ont accueillie et la transmettent en l'enrichissant, de génération en génération.*

Cela dit, il est certain que la mort est pour l'individu la seule expérience qu'il n'a jamais faite et pour laquelle le déficit informationnel est total. Totale et définitive aussi l'angoisse qui en résulte puisque l'angoisse survient lorsque l'on ne peut agir, c'est-à-dire ni fuir, ni lutter. Alors, l'Homme a imaginé des « trucs » pour occulter cette angoisse. D'abord, n'y pas penser, et pour cela agir, faire n'importe quoi, mais quelque chose. L'angoisse de la mort chez le combattant existe avant la bataille, mais pendant la lutte elle disparaît, parce que justement il lutte, il agit. La croyance en un autre monde où nous allons revivre dès que nous aurons tourné la page où s'est inscrite notre existence dans celui-là, est un moyen qui fut beaucoup utilisé, d'avoir une belle mort, une mort édifiante. On ne voit pas bien en quoi une telle mort peut être édifiante, puisque justement celui qui la subit n'a rien à perdre et tout à gagner. Il n'y a pas de quoi entraîner l'admiration des foules. La croyance (quelle que soit l'opinion que l'on a d'un « au-delà ») que sa mort va « servir » à quelque chose, qu'elle permettra l'établissement d'un monde plus juste, qu'elle s'inscrira dans la lente évolution de l'humanité, suppose que l'on sache vers quoi s'oriente l'humanité. Combien sont morts avec cette conviction au même moment dans des camps antagonistes, défendant des idéologies opposées, chacun persuadé qu'il défendait la vérité. Mourir pour quelque chose qui nous dépasse, quelque chose de plus grand que nous, c'est le plus souvent mourir pour un sous-ensemble agressif et dominateur de l'ensemble humain. En dehors du Christ et de Socrate, je ne connais pas d'individus morts pour l'espèce, et même ceux-là ne l'ont pas fait de gaieté de cœur. Ils avaient sans doute suffisamment d'esprit critique pour imaginer l'emploi que feraient ensuite les socio-cultures de leur assassinat. De deux choses l'une, ou l'on est suffisamment automatisé par l'une de ces socio-cultures pour ne pas pouvoir vivre en dehors d'elle, et dans ce cas le héros n'est pas essentiellement différent du suicidaire. Il se sacrifie non pas exactement par plaisir, mais du moins pour la recherche du moindre mal. Ou bien l'on est conscient du déterminisme implacable des destinées humaines, et l'on meurt en héros ou en lâche, suivant que le visage de l'un ou de l'autre est plus conforme à notre idéal du moi, à ce que l'on veut paraître, à l'image que l'on veut donner de soi, à soi-même et aux autres. Suivant aussi l'état de nos surrénales. Je trouve cependant que le cabotinage au moment de la mort revêt une certaine élégance et, quelle que soit la cause défendue, le sourire sur les lèvres me paraît plus seyant que le rictus de la haine ou de la peur. Mais ce n'est qu'une opinion, et on ne fait pas toujours ce que l'on désire. D'ailleurs, tout le monde n'a pas la chance de mourir pour une cause, ce qui facilite sans doute le passage. Le plus grand nombre meurt comme ça, par accident cardiaque ou de voiture, ou après une plus ou moins longue et plus ou moins douloureuse maladie, sans le faire exprès. Les précédents non plus d'ailleurs, mais ils ne le croient pas. Je ne me permettrai pas de conseiller un comportement en ayant recours à un discours logique, n'ayant aucune expérience de la question. Je souhaite, à nous tous, seulement que le passage soit le plus court possible et le plus inattendu. Par contre, ce que l'on peut discuter, c'est l'attitude que les autres adoptent à l'égard de la douleur et de la mort lente, prévisible, inéluctable d'un de leurs contemporains. Il faut remarquer d'abord que, la douleur exceptée, la mort lente, prévisible, inéluctable, est la caractéristique de tous les vivants, leur seule certitude. Allons-nous tous les jours nous rappeler en chœur : « Frère, tu dois mourir » ? Lorsque l'on a du temps devant soi, ce rappel est sans doute plus efficace comme motivation à la créativité, donc comme facteur de l'évolution humaine, que la pratique du tiercé et la télévision en couleur. Nous avons eu déjà l'occasion de dire pourquoi la créativité découlait à notre avis directement du désir inconscient de fuite à l'égard de la mort. Par contre, ce ne serait peut-être pas le cas si nous savions précisément quand celle-ci surviendra. Car la fuite étant impossible, l'angoisse ne peut être qu'à son comble et elle débouche sur l'inhibition comportementale. D'autre part, la maladie transforme lentement l'équilibre biologique et donc psychologique, de telle façon que la résistance à la mort s'affaiblit progressivement. Il est, semble-t-il, d'autant plus facile de mourir que l'on est biologiquement plus proche de la mort. Par quel sadisme alors, serions-nous poussés à prévenir très à l'avance celui que nous savons condamné, du fait qu'il l'est ? Ne prévient-on pas le criminel de son exécution à la dernière minute ? Pourquoi se comporter différemment avec les malades ? Je le répète, en dehors d'un plaisir sadique, que peut y gagner l'individu ou l'espèce ? En ce qui concerne la douleur, je ne puis me convaincre qu'elle élève, et les hommes que j'ai vus souffrir m'ont toujours paru enfermés dans leur douleur et non point ouverts sur des vues cosmiques. Si la douleur élève, je voudrais savoir vers quoi. Vers un Dieu auquel on demande de nous soulager ? Vers les autres, qui ne peuvent participer à notre douleur car celle-ci est une construction strictement personnelle, à laquelle participe toute l'histoire de notre système nerveux, à nulle autre pareille ? La douleur ne peut être que la conséquence d'une mésentente entre l'organisme et le milieu. Comme nous ne sommes pas toujours capables d'agir sur le milieu, il nous reste de pouvoir agir sur l'organisme par les analgésiques et les psychotropes mis à notre disposition. Si cette action sur la douleur doit accélérer une mort inéluctable, du fait que celle-ci est inéluctable, l'analgésie me paraît devoir être un acte intransigeant. On voit que le problème de l'euthanasie n'est pas loin. Mais je ne prétends pas non plus détenir la vérité et je ne suis pas sûr que dans ces cas on puisse appliquer la règle de ne pas faire aux autres ce qu'on ne voudrait pas que l'on nous fasse, non plus que de leur faire ce que nous voudrions que l'on nous fasse, car si nous ne sommes que les autres, l'autre, lui, n'est pas nous. Que l'on ne nous parle pas non plus d'amour, car, que l'on tue ou que l'on conserve, ce n'est jamais pour l'autre, mais pour nous-mêmes que nous agissons. Nous n'agirions pas si l'autre nous était indifférent et s'il ne l'est pas c'est qu'il s'est introduit dans notre espace gratifiant et que nous avons établi avec lui des relations privilégiées, ou bien qu'il fait l'objet de nos automatismes culturels. Ce sont eux qui nous font agir et dès lors il n'existe pas de table logique et stable des valeurs, permettant de juger un comportement qui se tisse à travers les liens innombrables et ténus qui unissent deux êtres dans l'espace et le temps. Tout jugement ne peut venir que de l'application des règles établies par une socio-culture, variable avec les époques et ses intérêts du moment.

Si nous ne sommes pas libres de choisir notre vie, nous ne sommes pas plus libres de choisir notre mort. L'Hymne à la mort du suicidaire n'est lui-même que le dernier hymne à la vie d'un homme dont la voix a été étouffée par le sourd grondement du monde tournant sur lui-même. Ce bruit de fond, pour Beethoven, était en *fa*.

Le plaisir

« Il est bon de noter combien la charge affective des mots : bien-être, joie, plaisir, est différente. Le bien-être est acceptable, la joie est noble, le plaisir est suspect. Ce dernier mot sent le soufre. Alors que pour nous le bien-être apparaît lorsque la pulsion ou l'automatisme acquis sont satisfaits et qu'il s'accompagne de satiété, la joie semble ajouter à cette satisfaction la participation de l'imaginaire et le plaisir, lui, est lié au temps présent, à l'accomplissement de l'acte gratifiant. Il n'est ni plus sale, ni plus laid, ni plus amoral que les deux autres. Qui ne voit que les sens différents qui sont communément donnés à ces mots résultent d'automatismes sociaux et culturels, de jugements de valeurs qui viennent avant tout de la répression sexuelle qui s'est abattue sur les sociétés occidentales pendant des millénaires et dont la cause principale pourrait bien être la crainte du bâtard ignoré, profitant de l'héritage de la propriété privée[1]. »

Nos automatismes de pensée sont tels qu'il nous est aujourd'hui souvent difficile d'imaginer le plaisir autrement que sexualisé. Même s'il ne l'est pas, il n'est pas recommandable ; il s'oppose à la souffrance qui, on le sait, a le privilège, elle, d'élever l'homme. Toute une idéologie de la souffrance est ainsi née au cours des siècles, qui a permis aux

1. Laborit (H.) : *La Nouvelle Grille*, p. 80. R. Laffont éditeur.

dominants de s'abreuver aux sources du plaisir en persuadant les dominés qu'ils avaient bien de la chance dans leur souffrance car elle leur serait remboursée au centuple dans l'autre monde. En effet, dans le nôtre où les marchands sont rois, tout se négocie et se paie, et la douleur ici-bas ne peut être qu'une traite tirée sur un avenir de bonheur céleste. On a encore fait mieux aux Indes où celui qui appartient à la caste des « intouchables » (sans doute parce que trop couvert de vermine) est tout heureux de lui appartenir car il prépare ainsi son élévation hiérarchique et sa promotion sociale métempsycotique dans une autre vie à venir. Si nous nous en tenons à notre civilisation judéo-chrétienne comme on dit, cette admirable stratégie s'est appuyée sur une curieuse interprétation des Évangiles et du sermon sur la Montagne. On a préféré l'image du Christ souffrant sur la croix à celle du Christ au mont des Oliviers, demandant à son père de lui éviter si possible de boire son calice jusqu'à la lie. On a préféré oublier qu'il était venu annoncer la bonne nouvelle, et soulager quand il l'a pu la souffrance physique de ceux qu'il rencontrait ; leur offrir du vin au besoin, comme à Cana, lorsqu'ils en manquaient. Bien sûr, son monde était du domaine de l'imaginaire, de la créativité, mais comment appareiller pour l'imaginaire quand une névralgie du trijumeau vous arrache des cris de douleur qui s'échappent, eux, de notre chair ? Quant à la douleur morale, nous avons déjà eu l'occasion de dire qu'elle était bel et bien une douleur physique, une amputation sans anesthésie au sein des relations neuronales gratifiantes établies par apprentissage dans notre système nerveux.

Il est amusant de noter que les religions dites réformées qui se sont bâties en contestation logique et intellectualisée des excès ecclésiastiques charnels de la Renaissance ont abouti au puritanisme contemporain où le plaisir est synonyme de péché. Comme toute idéologie dématérialisée, institutionnalisée, dans ses formes les plus caricaturales, il est devenu sectaire et castrateur, considérant que la réussite sociale était une preuve évidente du mérite personnel et de la volonté de Dieu. Une nouvelle génération de pharisiens est née et l'on peut se demander si la qualité discutable de la cuisine anglo-saxonne n'en est pas l'une des expressions. La bonne chère est un plaisir et tout plaisir charnel doit être banni. La vie est un long calvaire et seules les satisfactions hiérarchiques sont honorables. Elles sont la preuve du mérite obtenu par la soumission à ces principes, mérite reconnu par vos concitoyens.

Inversement, le plaisir est lié à l'accomplissement de l'action gratifiante. Or, comme celle-ci est la seule qui nous permette de survivre, la recherche du plaisir n'est-elle pas la loi fondamentale qui gouverne les processus vivants ? On peut lui préférer le terme plus alambiqué d'homéostasie (Cannon), du maintien de la constance des conditions de vie dans notre milieu intérieur (Claude Bernard), peu importe... Ceux qui nient de ne pas avoir comme motivation fondamentale la recherche du plaisir, sont des inconscients, qui auraient déjà disparu de la biosphère depuis longtemps s'ils disaient vrai. Ils sont tellement inconscients de ce que leur inconscient charrie comme jugements de valeurs et comme automatismes culturels, qu'ils se contentent de l'image narcissique qu'ils se font d'eux-mêmes et à laquelle ils essaient de nous faire croire, image qui s'insère à leur goût de façon harmonieuse dans le cadre social auquel ils adhèrent ou qu'ils refusent aussi bien. Même le suicidaire se supprime par plaisir car la suppression de la douleur par la mort est un équivalent du plaisir.

Malheureusement, l'action gratifiante se heurte bien souvent à l'action gratifiante de l'autre pour le même objet ou le même être, car il n'y aurait pas de plaisir si l'espace était vide, s'il ne contenait pas des objets et des êtres capables de nous gratifier. Mais dès qu'il y a compétition pour eux, jusqu'ici on a toujours assisté à l'établissement d'un système hiérarchique. Chez l'Homme, grâce aux langages, il s'institutionnalise. Il s'inscrit sur les tables de la loi, et il est bien évident que ce ne sont pas les dominés qui formulent celle-ci, mais les dominants. La recherche du plaisir ne devient le plus souvent qu'un sous-produit de la culture, une observance récompensée du règlement de manœuvre social, toute déviation devenant punissable et source de déplaisir. Ajoutons que les conflits entre les pulsions les plus banales, qui se heurtent aux interdits sociaux, ne pouvant effleurer la conscience sans y provoquer une inhibition comportementale difficilement supportable, ce qu'il est convenu d'appeler le refoulement séquestre dans le domaine de l'inconscient ou du rêve l'imagerie gratifiante ou douloureuse. Mais la caresse sociale, flatteuse pour le toutou bien sage qui s'est élevé dans les cadres, n'est généralement pas suffisante, même avec l'appui des tranquillisants, pour faire disparaître le conflit. Celui-ci continue sa sape en profondeur et se venge en enfonçant dans la chair soumise le fer brûlant des maladies psychosomatiques.

On veut nous faire croire que le mot plaisir n'exprime que la satisfaction d'une pulsion primitive et qu'avec lui nous nous rabaissons au rang de l'animal. Mais ce plaisir s'ennoblit lorsqu'il répond à la même pulsion si celle-ci est déformée, légalisée, canalisée par la culture en place, c'est-à-dire par l'apprentissage du code civil et honnête. Cependant, ce comportement est aussi bestial, car l'animal est comme nous capable de mémoire et d'apprentissage. Mais un chien savant ne parle pas et ne peut ainsi trouver l'alibi des jugements de valeur pour camoufler ses automatismes inconscients.

Enfin, le plaisir qui résulte de l'assouvissement d'une pulsion traversant le champ des automatismes culturels sans se laisser emprisonner par eux, et qui débouche sur la création imaginaire, pulsion qui pour nous devient alors « désir », est un plaisir spécifiquement humain, même s'il n'est pas conforme au code des valeurs en place, ce qui est le cas le plus fréquent puisqu'un acte créateur a rarement des modèles sociaux de référence.

Le faisceau du plaisir, de la récompense réunit anatomiquement et fonctionnellement dans le cerveau des formations situées à tous les étages superposés de celui-ci. Il en est de même du faisceau qui permet de fuir ou de supprimer la punition, le déplaisir. Ces faisceaux ne font pas de jugements de valeur entre l'activité, hypothalamique (pulsionnelle), limbique (apprentissage et mémoire), et corticale (imagination), et l'expérience montre que cette dernière ne peut fonctionner efficacement si elle est séparée des deux autres. Mais grâce à l'apprentissage on est prévenu que la mise en jeu du faisceau de la récompense, si elle s'avère être en contradiction avec les règles sociales, peut aboutir à la punition, à la stimulation du faisceau de la punition, et qu'inversement une action douloureuse qui met en jeu ce dernier peut être récompensée et favoriser alors, en retour, sur un autre clavier du plaisir, la stimulation du faisceau de la récompense.

Le singe dominé ne fait pas sa soumission au leader pour son plaisir, comme nous le montrent les profondes perturbations de son fonctionnement neurobiochimique et endocrinien, mais pour éviter un déplaisir plus grand encore résultant de l'agression dont il ferait l'objet s'il ne se soumettait pas. Imaginez que les singes parlent, il est probable qu'il existerait un discours logique pour permettre au singe dominé de « sublimer » sa soumission, un discours logique lui disant que sa souffrance l'élève au-dessus de lui-même pour le bien du clan, pour la survie du groupe, et que son sacrifice ne sera pas inutile. La souffrance deviendrait amour, tant ses sources seraient déjà lointaines, obscurcies par l'apprentissage de la soumission aux règles sociales, aux coutumes, aux préjugés nécessaires au maintien de la structure hiérarchique de dominance. Ce n'est sans doute qu'à celuï, bien rare, qui est capable de s'évader de cette prison que l'assouvissement du « désir » procure un plaisir véritablement humain, bien que toujours enraciné profondément dans sa chair préhominienne, car celle-ci fera toujours partie de l'autre : en effet, nous ne sommes ni anges, ni bêtes, mais simplement des Hommes.

Le bonheur

Si le plaisir est lié à l'accomplissement de l'acte gratifiant, si le bien-être résulte de l'assouvissement de celui-ci, assouvissement provoquant un état stable, bien que passager car il disparaîtra avec la réapparition du besoin, pulsionnel ou acquis par apprentissage, il me semble que le bonheur est lui aussi un état stable mais moins passager, car il enferme entre ses bras la succession répétée du désir, du plaisir et du bien-être. Être heureux, c'est à la fois être capable de désirer, capable d'éprouver du plaisir à la satisfaction du désir et du bien-être lorsqu'il est satisfait, en attendant le retour du désir pour recommencer. On ne peut être heureux si l'on ne désire rien. Le bonheur est ignoré de celui qui désire sans assouvir son désir, sans connaître le plaisir qu'il y a à l'assouvissement, ni le bien-être ressenti lorsqu'il est assouvi.

Les « Happy pills », les pilules du bonheur, sont sans doute bien souvent mal nommées. Si elles diminuent l'activité pulsionnelle de l'hypothalamus, la motivation à la recherche du plaisir, elles ne peuvent procurer le bonheur, mais l'indifférence ; et l'indifférent ne peut être heureux. Cependant, l'indifférent ne peut être vraiment malheureux non plus, et nous savons que la suppression d'une souffrance peut être considérée comme un plaisir. Chez l'animal, la frustration, c'est-à-dire la diminution ou la suppression de la récompense, met en jeu les mêmes aires cérébrales inhibitrices de l'action que l'apprentissage de la punition. On peut dire que la suppression d'une récompense attendue est équivalente à une punition et que sa conséquence est une inhibition du comportement.

Dans toutes les espèces animales et chez l'homme, la récompense ne s'obtient que par l'action. Le bonheur ne vous tombe qu'exceptionnellement tout préparé dans les bras. Il faut aller à sa rencontre, il faut être motivé à le découvrir, à tel point qu'il perd de son acuité s'il vous est donné sans être désiré. La pulsion primitive est indispensable, celle de la recherche du plaisir, de l'équilibre biologique. Nous avons déjà dit au chapitre précédent que cette recherche du plaisir était canalisée par l'apprentissage socio-culturel, car la socioculture décide pour vous de la forme que doit prendre, pour être tolérée, cette action qui vous gratifiera. Il est ainsi possible de trouver le bonheur dans le conformisme, puisque celui-ci évite la punition sociale et crée les besoins acquis qu'il saura justement satisfaire. Des sociétés qui ont établi leurs échelles hiérarchiques de dominance, donc de bonheur, sur la production des marchandises, apprennent aux individus qui les composent à n'être motivés que par leur promotion sociale dans un système de production de marchandises. Cette promotion sociale décidera du nombre de marchandises auquel vous avez droit, et de l'idée complaisante que l'individu se fera de lui-même par rapport aux autres. Elle satisfera son narcissisme. Les automatismes créés dès l'enfance dans son système nerveux n'ayant qu'un seul but, le faire entrer au plus vite dans un processus de production, se trouveront sans objet à l'âge de la retraite, c'est pourquoi celle-ci est rarement le début de l'apprentissage du bonheur, mais le plus souvent celui de l'apprentissage du désespoir.

Avouons que, jusqu'ici, le bonheur tel que nous avons tenté de le définir se dérobe. Limité à l'assouvissement des pulsions, il rencontre un adversaire qu'il ne pourra vaincre : les règles établies par les dominants. S'il se soumet à ces règles et malgré les compensations narcissiques, hiérarchiques, consommatrices ou autres, qui tenteront de le détourner de ses motivations premières, ce bonheur sera toujours incomplet, frustré, car lié à une recherche jamais satisfaite de la dominance dans un processus de production de marchandises.

Heureusement pour l'Homme, il reste encore l'imaginaire. Bien sûr, il faut toujours être motivé pour faire appel à lui et les pulsions primitives sont toujours nécessaires. Il faut aussi la mémoire et l'expérience pour fournir un matériel à l'imagination. L'enfant qui vient de naître ne peut rien imaginer, car il n'a encore rien mémorisé. Mais si la mémoire et l'apprentissage créent des automatismes si puissants et si nombreux que l'action leur est entièrement soumise, l'imaginaire ne peut naître.

L'imaginaire s'apparente ainsi à une contrée d'exil où l'on trouve refuge lorsqu'il est impossible de trouver le bonheur parce que l'action gratifiante en réponse aux pulsions ne peut être satisfaite dans le conformisme socio-culturel. C'est lui qui crée le désir d'un monde qui n'est pas de ce monde. Y pénétrer, c'est « choisir la meilleure part, celle qui ne sera point enlevée ». Celle où les compétitions hiérarchiques pour l'obtention de la dominance disparaissent, c'est le jardin intérieur que l'on modèle à sa convenance et dans lequel on peut inviter des amis sans leur demander, à l'entrée, de parchemin, de titres ou de passeport. C'est l'Éden, le paradis perdu, où les lys des champs ne filent, ni ne tissent. On peut alors rendre à César ce qui est à César et à l'imaginaire ce qui n'appartient qu'à lui. On regarde, de là, les autres vieillir prématurément, la bouche déformée par le rictus de l'effort compétitif, épuisés par la course au bonheur imposé qu'ils n'atteindront jamais.

Bien sûr, le monde de l'imaginaire et le bonheur qu'il contient ne sont accessibles aujourd'hui qu'à un nombre restreint de petits-bourgeois comme celui qui vous parle. Mais il n'est peut-être pas la propriété exclusive d'une classe sociale, car les bourgeois qui en profitent sont aussi peu nombreux que les prolétaires, tous entraînés qu'ils sont dans le broyeur économique. Par ailleurs, souvent maladroitement, sous une forme inadaptée et enfantine, un nombre de plus en plus grand de jeunes redécouvrent la richesse du désir et tentent d'abandonner ce monde de truands inconscients, de condottieres impuissants enchaînés à leurs pulsions dominatrices, à leurs marchandises, à leur conquête des marchés pour vendre n'importe quoi, à leur promotion sociale. D'autres, plus maladroits encore, fabriquent avec des drogues un imaginaire de remplacement, leur fournissant une fuite pharmacologique de ce monde dément. D'autres enfin, ne trouvent de refuge que dans la psychose.

Il y a bien aussi les révolutionnaires ou soi-disant tels, mais ils sont si peu habitués à faire fonctionner cette partie du cerveau que l'on dit propre à l'Homme, qu'ils se contentent généralement, soit de défendre des options inverses de celles imposées par les dominants, soit de tenter d'appliquer aujourd'hui ce que des créateurs du siècle dernier ont imaginé pour leur époque. Tout ce qui n'entre pas dans leurs schémas préfabriqués n'est pour eux qu'utopie, démobilisation des masses, idéalisme petit-bourgeois. Il faut cependant reconnaître que les idéologies à facettes qu'ils défendent furent toujours proposées par de petits-bourgeois, ayant le temps de penser et de faire appel à l'imaginaire. Mais aucune de ces idéologies ne remet en cause les systèmes hiérarchiques, la production, la promotion sociale, les dominances. Elles vous parlent de nouvelles sociétés, mais ceux qui les préconisent pensent bien bénéficier d'une place de choix dans ces sociétés à venir. Le profit capitaliste étant supprimé, l'ouvrier aura accès à la culture. Il s'agit évidemment d'une culture qui n'aura pas le droit de remettre en question les hiérarchies nouvelles, une culture désinfectée, galvanisée, conforme. Personne n'ose dire que le profit capitaliste n'est pas une fin en soi, mais simplement un moyen d'assurer les dominances, et que le désir de puissance possède bien d'autres moyens de s'exprimer lorsque la nouvelle structure sociale s'est organisée, institutionnalisée en faveur d'un nouveau système hiérarchique. Et l'Homme court toujours après son bonheur. Il pense qu'il suffit d'institutionnaliser de nouveaux rapports sociaux pour l'obtenir. Mais on supprime la propriété privée des moyens de production et l'on retrouve la dominance des bureaucrates, technocrates, et de nouvelles hiérarchies. Dès que l'on met deux hommes ensemble sur le même territoire gratifiant, il y a toujours eu jusqu'ici un exploiteur et un exploité, un maître et un esclave, un heureux et un malheureux, et je ne vois pas d'autre façon de mettre fin à cet état de choses que d'expliquer à l'un et à l'autre pourquoi il en a toujours été ainsi. Comment peut-on agir sur un mécanisme si on en ignore le fonctionnement ? Mais, évidemment, ceux qui profitent de cette ignorance, sous tous les régimes, ne sont pas prêts à permettre la diffusion de cette connaissance. Surtout que le déficit informationnel, l'ignorance, sont facteurs d'angoisse et que ceux qui en souffrent sont plus tentés de faire confiance à ceux qui disent qu'ils savent, se prétendent compétents, et les paternalisent, que de faire eux-mêmes l'effort de longue haleine de s'informer. Ils font confiance pour les défendre, pour parler et penser à leur place, aux hommes providentiels que leurs prétendus mérites ont placés en situation de dominance, et ils vous disent non sans fierté : « Vous savez, je n'ai jamais fait de politique », comme si celle-ci dégradait, avilissait celui qui s'en occupe.

Finalement, on peut se demander si le problème du bonheur n'est pas un faux problème. L'absence de souffrance ne suffit pas à l'assurer. D'autre part, la découverte du désir ne conduit au bonheur que si ce désir est réalisé. Mais lorsqu'il l'est, le désir disparaît et le bonheur avec lui. Il ne reste donc qu'une perpétuelle construction imaginaire capable d'allumer le désir et le bonheur consiste peut-être à savoir s'en contenter. Or, nos sociétés modernes ont supprimé l'imaginaire, s'il ne s'exerce pas au profit de l'innovation technique. L'imagination au pouvoir, non pour réformer mais pour transformer, serait un despote trop dangereux pour ceux en place. Ne pouvant plus imaginer, l'homme moderne compare. Il compare son sort à celui des autres. Il se trouve obligatoirement non satisfait. Une structure sociale dont les hiérarchies de pouvoir, de consommation, de propriété, de notabilité, sont entièrement établies sur la productivité en marchandises, ne peut que favoriser la mémoire et l'apprentissage des concepts et des gestes efficaces dans le processus de la production. Elle supprime le désir tel que nous l'avons défini et le remplace par l'envie qui stimule non la créativité, mais le conformisme bourgeois ou pseudo-révolutionnaire.

Il en résulte un malaise. L'impossibilité de réaliser l'acte gratifiant crée l'angoisse, qui peut déboucher parfois sur l'agressivité et la violence. Celles-ci risquent de détruire l'ordre institué, les systèmes hiérarchiques, pour les remplacer d'ailleurs immédiatement par d'autres. La crainte de la révolte des malheureux a toujours fait rechercher par le système de dominance l'appui des religions, car cellesci détournent vers l'obtention dans l'au-delà la recherche d'un bonheur que l'on ne peut atteindre sur terre, dans une structure socio-économique conçue pour établir et maintenir les différences entre les individus. Différences établies sur la propriété matérielle des êtres et des choses, grâce à l'acquisition d'une information strictement professionnelle plus ou moins abstraite. Cette échelle de valeurs enferme l'individu sa vie durant dans un système de cases qui correspond rarement à l'image idéale qu'il se fait de lui-même, image qu'il tente sans succès d'imposer aux autres. Mais il ne lui viendra pas à l'idée de contester cette échelle. Il se contentera le plus souvent d'accuser la structure sociale de lui avoir interdit l'accès aux échelons supérieurs. Son effort d'imagination se limitera à proposer de la renverser pour, ensuite, la redresser à l'envers de façon à ce que ceux qui produisent les marchandises soient en haut et puissent en profiter. Mais ceux qui sont au haut de l'échelle aujourd'hui sont ceux qui imaginent les machines, seul moyen de faire beaucoup de marchandises en peu de temps. Si on renverse l'échelle, tout tournant encore autour de la production, l'absence de motivation chez ceux que la productivité récompensait avant, risque fort de supprimer toute productivité. Il semble bien que l'on ne puisse sortir de ce dilemme qu'en fournissant une autre motivation, une autre stratégie aux hommes dans leur recherche du bonheur.

Puisqu'il tient tant au cœur de l'individu de montrer sa différence, de montrer qu'il est un être unique, ce qui est vrai, dans une société globale, ne peut-on lui dire que c'est dans l'expression de ce que sa pensée peut avoir de différent de celle des autres, et de semblable aussi, dans l'expression de ses constructions imaginaires en définitive qu'il pourra trouver le bonheur ? Mais il faudrait pour cela que la structure sociale n'ait pas, dès l'enfance, châtré cette imagination pour que sa voix émasculée se mêle sans discordance aux chœurs qui chantent les louanges de la société expansionniste.

Le travail

Nous venons déjà d'en envisager certains aspects. Il représente primitivement le travail libéré par la machine métabolique que constitue un organisme. Grâce à cette activité thermodynamique, cette machine agit sur le milieu de telle façon que sa structure soit conservée. Il l'approvisionne en substrats alimentaires, nécessaires d'une part à l'exécution de ce travail lui-même et nécessaires en conséquence au maintien de la structure d'ensemble, établie par niveaux d'organisation, de l'organisme. Cette structure, chez l'homme, aboutit à un système nerveux capable d'ajouter de l'information au monde qui l'environne. Le travail de l'individu humain se charge donc de cette information et la protection de sa structure organique en est considérablement améliorée, d'autant plus nous l'avons dit que, grâce aux langages, l'expérience des générations s'accumule et s'actualise. La part de l'information dans le travail humain est devenue ainsi progressivement plus grande au cours des siècles, mais seulement si l'on envisage globalement ce travail. En effet, en ce qui concerne l'individu au contraire, cette information s'est éparpillée à travers les échelles hiérarchiques de dominance qu'elle a contribué à établir. Si bien qu'aujourd'hui, du fait de « l'émiettement » (Friedman) du travail, un nombre considérable d'individus n'utilise qu'une fraction infime de cette information technique et qu'en conséquence leur travail perd toute signification. Il a perdu sa sémantique. Le signifiant n'a plus de signifié.

Or, pour fournir un certain travail un organisme a besoin d'une motivation. Aux premiers jours de l'Homme, elle était transparente : ce travail lui permettait de survivre, de conserver sa structure. L'urbanisation, nous l'avons vu, a rendu pour l'individu ce travail dépendant de celui des autres. Mais pendant des siècles l'artisan et le paysan sont restés en contact direct avec le monde, l'émiettement de leur travail n'était encore que partiel. Il n'était pas suffisant pour en cacher la signification profonde, les liens avec le travail de l'ensemble social. Avec l'industrialisation, ces liens se sont perdus. Il ne reste à l'ouvrier que la conscience de la contrainte de son travail qui assure l'assouvissement de ses besoins fondamentaux. Comme ceux-ci d'autre part paraissent assurés tant bien que mal par l'ensemble social, qu'une certaine sécurisation existe malgré tout, la motivation pulsionnelle, celle qui permet d'assurer les besoins fondamentaux, s'affaiblit considérablement. Par contre, la motivation qui résulte des apprentissages socio-culturels ne fait au contraire que s'accroître. Une fringale de possession d'objets, de marques de distinctions narcissiques, est créée par la publicité et l'observation des signes permettant de se situer dans les hiérarchies. Mais cette motivation se heurte aussitôt aux règles d'établissement de la propriété imposées par le système hiérarchique de dominance. Le travail en miettes, peu chargé d'information, ne permet pas d'accéder à cette dominance, ni aux satisfactions narcissiques. Le travail sans motivation est de plus en plus ressenti comme une aliénation au système social exigeant une production accrue au bénéfice de quelques-uns et non de tous. Il y a quelques années encore, même l'idiot du village avait sa place dans la communauté. Aujourd'hui au contraire, l'ensemble social se donne bonne conscience en parquant les handicapés mentaux, inutiles dans un système de production. Il est suffisamment riche pour posséder ses zoos humanitaires.

Le travail humain, de plus en plus automatisé, s'apparente à celui de l'âne de la noria. Ce qui peut lui fournir ses caractéristiques humaines, à savoir de répondre au désir, à la construction imaginaire, à l'anticipation originale du résultat, n'existe plus. On aurait pu espérer que, libérés de la famine et de la pénurie, les peuples industrialisés retrouveraient l'angoisse existentielle, non pas celle du lendemain, mais celle résultant de l'interrogation concernant la condition humaine. On aurait pu espérer que le temps libre, autorisé par l'automation, au lieu d'être utilisé à faire un peu plus de marchandises, ce qui n'aboutit qu'à mieux cristalliser les dominances, serait abandonné à l'individu pour s'évader de sa spécialisation technique et professionnelle. En réalité, il est utilisé pour un recyclage au sein de cette technicité en faisant miroiter à ses yeux, par l'intermédiaire de cet accroissement de connaissances techniques et de leur mise à jour, une facilitation de son ascension hiérarchique, une promotion sociale. Ou bien on lui promet une civilisation de loisirs. Pour qu'il ne puisse s'intéresser à l'établissement des structures sociales, ce qui pourrait le conduire à en discuter le mécanisme et la validité, donc à remettre en cause l'existence de ces structures, tous ceux qui en bénéficient aujourd'hui s'efforcent de mettre à la disposition du plus grand nombre des divertissements anodins, exprimant eux-mêmes l'idéologie dominante, marchandise conforme et qui rapporte.

Par contre, on peut se demander si, lorsque le travail humain répond au désir, c'est-à-dire à l'interrogation existentielle par la mise en jeu de l'imaginaire, il peut encore conserver son nom ? On peut répondre que bien peu d'hommes ont la possibilité d'agir ainsi. C'est vrai si l'on considère la totalité d'une activité humaine, car au stade d'évolution de l'espèce, il faut encore que cette espèce fournisse une certaine quantité de travail mécanique, peu chargé d'information. Mais le travail de l'intellectuel n'est guère plus attrayant souvent, car aussi focalisé, aussi parcellisé que celui du manœuvre, encore que plus abstrait, plus informationnel que thermodynamique. Il reste aussi éloigné de l'approche globale des structures et en conséquence aussi dépendant des automatismes de pensée existants. Le technicien s'ennuie et seules ses récompenses hiérarchiques, ses gratifications narcissiques, peuvent encore le motiver. Si bien que l'ensemble de ce monde s'ennuie, il se cherche, et cherche une raison d'être. Il se sent manipulé, et chaque homme en éprouve un malaise, par un destin implacable auquel il tente avec maladresse de remédier par des réformettes dispersées, des réparations au sparadrap, tout étonné quand il bouche un trou de la coque pourrie de voir l'eau s'infiltrer par un autre. J'ai déjà proposé ailleurs[1] d'accorder à chaque homme deux heures par jour pour s'informer, non professionnellement, mais sur les sujets qui intéressent sa vie et celle de ses contemporains. S'informer non de façon analytique, mais globale, avec des informateurs cherchant à réaliser des synthèses, non des dissections. A s'informer de façon non dirigée, mais contradictoire. Il faudrait pouvoir faire participer chaque individu à l'évolution générale du monde, au lieu de manipuler pour lui les mass media en le sécurisant, en lui faisant croire que l'on s'occupe de lui, qu'il n'a pas à s'inquiéter, que ceux qui savent veillent. Or, ceux qui savent savent sans doute beaucoup de choses dans un domaine particulier et rien dans les autres. Et même lorsqu'ils sont poly-techniciens il leur manque la connaissance des sciences dites humaines, qui commence à la molécule pour se terminer à celle de l'organisation des sociétés humaines sur la planète. Comment peut-on entendre dire par un responsable d'une chaîne télévisée,

1. H. Laborit, *La Nouvelle Grille*, R. Laffont (1974).

comme je l'ai entendu récemment : « J'essaie d'être objectif, je ne fais pas de politique, moi » ? Ne pas faire de politique, n'est-ce pas encore en faire, puisque c'est interpréter les faits à travers la lentille déformante et non « objective » d'un acquis socio-culturel dont on ne peut se débarrasser ?

En résumé, je suis tenté de dire que le rôle de l'homme sur la planète est uniquement politique. Son rôle est de chercher à établir des structures sociales, des rapports interindividuels et entre les groupes, qui permettront la survie de l'espèce sur son vaisseau cosmique. Le travail ne peut être un but en soi. Il ne peut servir de critère de référence pour institutionnaliser les rapports sociaux. Dès qu'il en est ainsi, le groupe ou l'ensemble humain qui le prend pour finalité oublie dans l'effort vers une productivité croissante de biens marchands le but essentiel de son existence, à savoir les relations entre les éléments individuels qui les constituent. Ils abandonnent la foi fondamentale qui domine l'existence des organismes vivants, l'évolution contrôlée de leur structure, et la production devient au contraire le moyen d'immobiliser à jamais la structure hiérarchique de dominance qui fut à son origine.

Mais pour motiver l'individu en dehors de son travail pour lequel il n'éprouve pas de motivation, il faut le faire pénétrer, à partir de son espace opérationnel étroit, dans la dynamique des structures sociales, en lui faisant connaître celles des différents niveaux d'organisation et l' « ouverture » de ces systèmes fermés dans les systèmes englobants. A partir de lui, de son groupe familial, professionnel, de l'entreprise à l'industrie, lui faire atteindre l'organisation, termodynamique et informationnelle, des ensembles nationaux jusqu'à l'ensemble humain sur la planète. Lui apprendre le rôle de l'information structurante et celui de la grande coulée énergétique qui parcourt la biosphère. Lui rendre enfin le goût de son activité cosmique, de son rôle dans l'évolution de l'espèce. Lui faire comprendre le frein qu'y apporte le vieil individualisme des groupes, des corporatismes, des nationalismes. Lui faire deviner l'amorce d'établissement des dominances et s'élever contre la violence réactionnaire de l'ordre établi pour lequel la seule violence est toujours celle qui refuse de lui obéir. Lui faire prendre conscience des mécanismes qui gouvernent notre animalité, le danger des discours altruistes, paternalistes, lui faire retrouver le désir d'inventer lui-même une vie autre et d'en discuter avec ses contemporains. Mais, me direz-vous, le programme que vous proposez là ne consiste-t-il pas à institutionnaliser le mois de mai 1968 ? Un mois pareil, de temps en temps, vaudrait bien un carnaval sans doute, pourvu qu'il ne soit pas exploité comme un médicament à usage temporaire, une soupape permettant de ramener la pression d'insatisfaction à son volume antérieur de façon à asseoir et à consolider après lui les pouvoirs anciens et la rigidité des automatismes socio-culturels. Mais, effectivement, l'ordre ne peut naître que du désordre, puisque seul le désordre permet des associations nouvelles. Cependant, il faut qu'à l'ensemble culturel primitif s'ajoute entre-temps de nouveaux éléments qui permettront d'augmenter la complexité du nouvel ensemble formé, sans quoi on risque de retomber sur une structure plus coercitive encore que celle que l'on a voulu détruire. Et l'apport informationnel incombe à l'imagination.

Ce qu'il faut, en définitive, à l'homme contemporain pour qu'il puisse supporter la part de travail qui lui reste à faire, c'est une « nouvelle grille » qui rendrait signifiant pour lui l'ensemble des faits techniques, sociaux et culturels qui l'assaillent chaque jour et créent chez lui l'angoisse. Celle-ci résulte nous l'avons dit de l'impossibilité d'agir efficacement en vue de l'obtention d'un équilibre de satisfaction. Or, comment agir efficacement quand les faits, les situations, les événements surgissent, s'accumulent sans relations entre eux, sans ordre, sans structure. Quand une grille existe, elle est généralement dépassée, elle sécurise, mais elle est insuffisante pour rendre l'action efficace. Les faits qui n'y pénètrent pas ne sont pas signifiants et restent sans intérêt pour celui qui l'utilise. Ils sont donc rejetés par lui. Il en résulte un sectarisme propre à tout système fermé, incapable d'intégrer la différence et de lui trouver une source comportementale logique. On débouche alors sur l'agressivité, la certitude du bon droit et de détenir la seule vérité. On débouche sur l'intolérance. Il faut à l'homme contemporain une nouvelle grille englobant les autres sans les nier, une grille ouverte à tous les apports structuraux contemporains. Mais si cette grille n'est pas généralisée à l'ensemble des hommes de la planète, celui qui la possède trouvera toujours devant lui l'intransigeance du non-initié. Alors, à moins d'accepter de disparaître, il ne lui reste plus que la fuite dans l'imaginaire. Son travail ne fera qu'exprimer son apparente soumission au conformisme castrateur et triomphant.

L'Homme est un être de désir. Le travail ne peut qu'assouvir des besoins. Rares sont les privilégiés qui réussissent à satisfaire les seconds en répondant au premier. Ceux-là ne travaillent jamais.

La dénommer quotidienne, cette vie, indique déjà qu'elle est rythmée par l'alternance des jours et des nuits. Mais aussi celui des saisons, celui des ans qui passent. Ces cycles cosmiques règlent d'abord l'éveil et le sommeil, ce qui est plus exact que de dire le travail et le repos. En réalité, pour notre système nerveux le sommeil s'accompagne d'un travail métabolique considérable de restauration et l'on peut fort bien se reposer à l'état d'éveil. Ceci nous montre que nous butons au départ sur le contenu sémantique des mots : travail, repos, et ceux qui s'y rattachent : loisirs, éveil, sommeil, ces mots qui peuplent notre vie quotidienne. Population restreinte lorsqu'ils s'expriment sous la forme : métro, boulot, dodo. Qu'est-ce que le travail ? Pour notre système nerveux, cela consiste à libérer de l'énergie sous forme d'influx nerveux. Pour nos muscles, à libérer de l'énergie sous forme mécanique, contractile. Pour nos glandes, à libérer de l'énergie sous forme chimique, celle des produits de sécrétion. Pour tous, à utiliser des substrats, c'est-à-dire des aliments énergétiques pris à l'environnement et permettant une action sur cet environnement. Cette action pour sa plus grande part et quelle que soit sa forme plus ou moins élaborée, consistera à se procurer ces substrats alimentaires. C'est ce que l'on veut dire en parlant de « force de travail ». Mais ces substrats du travail cellulaire auront en réalité une fonction fondamentale, celle de maintenir la structure cellulaire et en conséquence organique. En d'autres termes, l'action sur l'environnement n'a qu'une seule finalité : maintenir la structure de l'organisme qui agit ; qui n'agit, qui ne travaille que pour maintenir sa structure. Voilà de quoi est faite d'abord notre vie quotidienne. Le génie de Marx a été d'attirer l'attention sur le fait qu'une grande partie de ce travail ne servait pas à cela, mais, par l'intermédiaire de la plus-value, à maintenir (ce que nous exprimerons dans le langage de la biologie des comportements) une structure sociale de dominance. Puisqu'il y a structure, il faut évidemment trouver une certaine énergie permettant de la conserver. L'ensemble des cellules d'un organisme libère une certaine quantité d'énergie qui sera utilisée pour conserver la structure de chaque cellule de l'organisme, mais libère aussi une énergie supplémentaire, une plus-value, une quantité d'énergie qui sera utilisée non seulement au maintien de la structure de chaque cellule prise isolément, mais au maintien de la structure de l'organisme entier. Dans un État socialiste, chaque individu travaille plus qu'il ne faudrait pour maintenir sa propre structure, et la plus-value sert encore à maintenir une structure sociale.

Ce qui change en réalité par rapport à une structure capitaliste, c'est l'orientation de l'utilisation de cette plus-value, et les bases du système hiérarchique qui en décide. Le fait d'avoir supprimé le profit comme *moyen* d'établissement des dominances est sans doute un progrès dans l'établissement des structures sociales et dans la vie quotidienne des individus qui y participent. Malheureusement, des moyens de remplacement ont rapidement été découverts et d'autres structures de dominance sont apparues. Cet aspect thermodynamique, énergétique, est applicable à tous les systèmes vivants individuels et sociaux, à toutes les espèces vivantes, l'Homme y compris. En quoi l'espèce humaine apporte-t-elle quelque chose de plus, quelque chose de nouveau, à ce système d'échange énergétique nécessaire au maintien des structures ? Essayons de ne pas parler de l'amour, de la culture, d'une dimension spirituelle, de l'art, de la conscience réfléchie, de la morale, de l'éthique, de la transcendance, de dépassement, d'épanouissement, etc. Avec ces mots il est toujours possible de faire sortir un lapin du haut-de-forme, mais vous n'êtes pas plus avancé sur la façon de procéder pour y parvenir.

Ce que l'Homme apporte de nouveau à l'aspect purement énergétique de son existence, c'est de l'information. Il met en forme, il informe la matière inanimée. Il est capable, à partir de son expérience mémorisée, de donner naissance à de nouvelles structures imaginaires dont il peut vérifier l'efficacité par son action sur le milieu. Il est capable de faire des hypothèses de travail et de vérifier par l'expérimentation leur validité. Cette manipulation de l'information lui a permis d'améliorer sa vie quotidienne à l'aurore des temps humains en la protégeant de l'environnement hostile. Puis elle lui a permis progressivement une économie d'énergie de plus en plus importante. Grâce à cette création d'information il sut bientôt utiliser efficacement l'énergie solaire, par l'intermédiaire de l'agriculture et de l'élevage. Cette connaissance était à l'époque purement empirique d'ailleurs. Il sut ensuite et beaucoup plus tardivement utiliser l'énergie animale pour se déplacer plus vite et pour déplacer des masses importantes grâce à l'invention du licol. La découverte des métaux rendit ses bras plus efficaces. En résumé, la création d'information dont son cerveau se montrait capable lui permit d'assurer plus efficacement son bilan énergétique (absorption d'aliments plus régulière et moins soumise aux aléas du milieu d'une part, diminution de travail, de la libération d'énergie nécessaire à se les procurer d'autre part) et en conséquence de mieux protéger sa structure organique à moindres frais énergétiques. Le bénéfice résultant de ce travail plus efficace fut utilisé à l'établissement des premières structures sociales complexes. L'information étant plus élaborée se spécialisa en métiers divers, concourant à la création d'organismes sociaux pluricellulaires, aux multiples activités fonctionnelles. Chaque individu devenait alors incapable, dans ces structures, d'assurer entièrement seul ses besoins. Il dépendait des autres pour obtenir ce qu'il ne savait faire, comme les autres dépendaient de lui pour ce qu'il savait faire. On passait ainsi à un nouveau niveau d'organisation, celui des cités. Les siècles ont passé. L'information, accumulée au cours des générations grâce à sa transmission par l'intermédiaire des langages, est devenue de plus en plus élaborée.

A l'époque moderne, la découverte de machines de plus en plus sophistiquées résulte toujours de cette possibilité d'utiliser l'information que l'espèce humaine est capable de créer, pour informer, transformer la matière et l'énergie. Elle a abouti à l'exploitation de l'atome.

L'invention et l'utilisation des machines permet de produire des quantités d'objets que nous avons appelés « mécanofacturés » pour les distinguer des objets « manufacturés » de l'époque préindustrielle[1]. Un objet mécanofacturé exprime toute l'information fournie par l'Homme en une seule fois aux machines qui l'ont fait. Un objet manufacturé exprime l'information introduite par l'apprentissage dans un cerveau humain, mais exige que chaque fois un homme actualise cette information et libère l'énergie nerveuse et neuro-musculaire, support de cette information, pour chaque étape de sa manufacture. Dans la mécanofacture il intervient surtout pour fournir l'information aux machines. Cette information qui permet l'invention, la construction et l'utilisation des machines, est une connaissance abstraite. Elle tire sa source de connaissances de physique et de mathématiques (qui sont le langage permettant d'exprimer les lois de la première) très élaborées. Le travail thermodynamique humain qui reste à fournir devient très parcellaire, sans rapport évident avec la signification de l'objet produit, son rôle social. Il sera fourni par des hommes n'ayant pas eu accès à l'information abstraite. Celle-ci deviendra la propriété des techniciens. Plus cette information technique est abstraite, plus elle pourra être utilisée de façon globale et diversifiée, plus elle permettra l'invention de machines complexes dont l'efficacité sera croissante dans la production d'un grand nombre d'objets dans un minimum de temps.

Revenons à la notion de plus-value nécessaire au maintien, non plus de la structure individuelle, mais de la structure sociale. Il paraît évident que si l'Homme n'est considéré que comme un producteur de biens, de matière et d'énergie[2] transformés par son information, celui qui fournit la plus grande quantité de plus-value est celui qui permet la production du plus grand nombre d'objets dans un

1. H. Laborit, *L'Homme imaginant* (Coll. 10/18, p. 52). Union Générale d'éditions (1970).

2. Bien que $E = mc_2$ nous montre, depuis Einstein, l'équivalence entre la masse et l'énergie, nous continuerons à utiliser ces deux mots qui expriment les formes sous lesquelles l'énergie se présente à nous dans la « vie quotidienne ».

minimum de temps[1]. C'est donc celui qui possède l'information la plus abstraite et la plus utilisable à la production d'objets consommables ou de machines capables de les produire. En d'autres termes, si l'Homme n'est considéré que comme un producteur de biens, c'est celui possédant l'information abstraite qui non seulement fournit le plus de plus-value, mais qui sera également le mieux récompensé par une structure sociale fondée sur la production, parce qu'il lui est plus utile.

Ainsi, quand on passe d'une structure individuelle à une structure sociale, l'individu doit fournir une certaine quantité de travail qui n'intervient dans le maintien de sa structure qu'indirectement parce que nécessaire avant tout au maintien de la structure sociale, plus complexe. Mais ce travail présente une caractéristique propre à l'espèce, c'est de posséder deux aspects complémentaires, indissolublement liés du fait de l'activité fonctionnelle particulière du cerveau humain : un aspect thermodynamique, purement énergétique, dont on pourrait calculer le bilan de façon précise, comme on calcule celui d'un âne tournant autour d'une noria pour élever en surface l'eau d'un puits, et un aspect informationnel, qui ne se calcule pas en kilogrammètres, celui de l'imagination humaine ayant abouti à l'invention de la noria, ce dont aucun animal n'est capable. Le travail de l'âne s'évalue par la quantité d'aliments à lui fournir pour qu'il libère l'énergie nécessaire à élever un certain poids d'eau du fond du puits à la surface d'une part, et pour qu'il ne maigrisse pas, qu'il reste en bonne santé, qu'il maintienne sa structure d'âne d'autre part, si l'on veut que cette structure d'âne fournisse le lendemain le même travail. Par contre, l'information fournie par l'homme qui inventa le principe de la noria subsiste après la mort de celui-ci et sera utilisée dans le monde entier. En réalité, on peut

1. H. Laborit, *La société informationnelle. Idées pour l'autogestion,* Coll. « Objectifs ». Cerf (1973).

distinguer dans ce second aspect du travail humain, cet aspect informationnel, deux formes très différentes encore. L'une résulte de l'exploitation, propre au cerveau de l'espèce, de l'information plus ou moins abstraite transmise par les langages, et acquise par l'apprentissage. Elle permet, grâce à l'expérience accumulée au cours des âges, de rendre, à chaque génération, l'action plus efficace. Mais cette forme n'ajoute rien à l'expérience antérieure, elle se contente de reproduire et de transmettre l'information. Si elle avait existé seule, nous en serions encore à faire des outils en taillant des silex. Pour que l'expérience s'accumule, il faut que des connaissances supplémentaires viennent s'ajouter à celles qui existent déjà. Il faut qu'une hypothèse de travail, produit de l'imagination, permette l'élaboration d'une nouvelle structure abstraite, que l'expérience, par l'action sur l'environnement, vient ou non concrétiser et confirmer. La première forme d'utilisation de l'information par le cerveau humain ne fait appel qu'à l'abstraction et à la mémoire, la seconde ajoute à ces deux fonctions celle de l'imagination.

Nous renvoyons maintenant à un chapitre précédent, celui où nous avons parlé de l'amour. Pour en parler, nous avons schématisé les propriétés fonctionnelles du système nerveux humain. Nous avons dit que, comme tous les animaux, l'Homme réalisait sa finalité, à savoir le maintien de sa structure, en agissant sur l'environnement de telle façon qu'il mangeait, buvait et procréait. Qu'il agissait ainsi dans un certain espace où se trouvaient les objets et les êtres nécessaires à assouvir ces besoins fondamentaux et que, pour continuer à se gratifier, c'est-à-dire à survivre, il avait tendance à se les approprier. Qu'il entrait alors en compétition pour l'appropriation des objets et des êtres nécessaires à sa gratification avec les autres hommes à la survie desquels les mêmes objets et les mêmes êtres étaient également indispensables. Nous avons dit que dans l'espèce humaine comme dans toutes les espèces animales apparaissaient alors des systèmes hiérarchiques. Ce furent d'abord les plus forts et les plus agressifs qui imposèrent leur dominance aux autres. Mais depuis longtemps la force physique n'est plus indispensable pour cela et l'agressivité utilise d'autres moyens que la violence explosive, gestuelle, pour assurer les dominances. Dès que l'information technique, l'exploitation des lois de la physique permit de produire un nombre plus important d'objets qu'il n'était nécessaire pour survivre, ces objets furent échangés et permirent l'accumulation d'un capital. Ce capital permit lui-même l'appropriation d'un nombre plus important d'objets gratifiants par ceux qui le possédaient et celle des machines, moyens de leur production. Les hommes qui se trouvaient, dans leur travail, de plus en plus dépendants de l'information contenue dans les machines, devinrent de ce fait de plus en plus dépendants de ceux qui les possédaient. Ils en devinrent les esclaves. La possession du capital fut le nouveau moyen permettant d'établir les dominances. La plus-value résultant du travail thermodynamique humain permettait donc la stabilité de la structure sociale, du niveau d'organisation des groupes humains établis sur les dominances.

Mais, avec la révolution industrielle, l'ensemble des structures sociales reposa de plus en plus sur l'innovation technique permettant une production d'abondance croissante. La possession de la masse et de l'énergie n'apporte pas grand-chose, sans l'information capable de les transformer en objets. La preuve en est qu'elles furent toujours à la disposition des hommes, mais qu'il a manqué pendant des siècles à ceux-ci l'information technique susceptible de les utiliser. L'information technique est donc devenue la propriété la plus indispensable pour assurer les dominances interindividuelles, de même qu'entre les groupes sociaux, les nations, les blocs de nations. Elle a permis aux nations qui la détenaient de s'emparer des matières premières et de l'énergie situées dans l'espace écologique des groupes humains ne la possédant pas. Elle a permis la construction d'armes de plus en plus redoutables et elle fut la mère de l'impérialisme. Le progrès technique étant le seul qui puisse trouver une motivation suffisante puisqu'il permettait l'établissement des dominances, fut considéré comme un bien en soi, et la dominance qui en résultait comme juste et méritée. Il récompensait en effet le fonctionnement de ce qui existe en l'Homme de spécifiquement humain : l'imagination créatrice. Le mot de « Progrès » devint synonyme de progrès technique. Sa source primitive, la recherche de la dominance, qui elle n'a rien de spécifiquement humain, fut progressivement occultée, et remplacée par un jugement de valeur à son égard, le progrès devenant par essence le bien absolu. La notion d'évolution des espèces y contribua, puisque l'espèce humaine était seule à pouvoir la réaliser. Avec lui elle assurait sa destinée cosmique. Ce n'était encore, et malheureusement, que partiellement vrai.

Puisque ce que nous avons appelé la plus-value, énergie nécessaire au maintien de la structure sociale de dominance, se trouvait être de plus en plus chargée d'information technique, il était normal que ceux qui détenaient cette information technique fussent favorisés dans l'établissement des échelles hiérarchiques de dominance et que les individus dont le travail reste peu chargé de ce type d'information, manœuvres et ouvriers spécialisés, demeurent au bas de l'échelle. Au contraire, les individus dont l'apprentissage leur permet de s'introduire efficacement dans le processus de production, même s'ils n'ajoutent rien au capital de connaissances de l'espèce et qu'ils ne font que reproduire, se trouvent ainsi favorisés et cela d'autant plus qu'ils atteignent un niveau d'abstraction plus important dans l'information technique, professionnelle, qu'ils sont capables d'utiliser. Bien plus, toute activité, non plus reproductrice, mais créatrice d'information nouvelle, si elle ne débouche pas sur un processus de production de marchandises, a peu de chance d'assurer à celui qui l'exprime une situation hiérarchique de dominance.

La vie quotidienne

Au sein du cadre que nous venons de tracer, de quoi est faite la vie quotidienne de l'homme contemporain dans la société industrielle ? Du fait du progrès technique, dont nous connaissons maintenant la motivation, il est rare qu'il meure de faim. La structure sociale à laquelle il appartient lui permet d'assouvir généralement, souvent il est vrai au minimum, ses besoins fondamentaux. Si le déterminisme auquel il s'est trouvé soumis par sa niche environnementale depuis sa naissance ne lui a pas permis d'atteindre un niveau honnête d'abstraction dans son activité professionnelle, il parviendra à maintenir sa structure au prix d'un dur travail énergétique au sein du processus de production. Dans les pays capitalistes, il dépendra presque entièrement pour cela des détenteurs des moyens de production et d'échanges qui décideront de son salaire, des gestes qu'il doit effectuer, de son taux de productivité, et lui fourniront le minimum nécessaire à l'entretien de sa force de travail. Dans les pays socialistes, bien que ce soit l'État, donc en principe l'ensemble humain, qui soit détenteur des moyens de production et d'échanges, il ne sera pas plus autonome et plus à même d'exprimer et de réaliser ses désirs, si ceux-ci ne s'inscrivent pas dans l'ordre institutionnel dont les bureaucrates sont les gardiens. Dans l'un et l'autre cas, du fait qu'il n'est jugé que comme agent de production, il entrera dans une échelle hiérarchique fondée sur le degré d'abstraction dans l'information professionnelle qu'il aura atteint. La plus-value qu'il fournit sera toujours utilisée à assurer le maintien d'une structure sociale de dominance et ce ne sera jamais lui qui décidera de son emploi. Sa motivation restera d'ailleurs toujours la même : assurer sa promotion sociale, son ascension hiérarchique. Le moyen pour y parvenir restera également le même : accéder à une information professionnelle la plus abstraite possible. La seule différence en pays socialistes résulte du fait que la récompense qui permet le réenforcement de l'action gratifiante, la récompense de l'effort dépensé pour acquérir l'information abstraite, n'est plus le profit, mais la domination hiérarchique elle-même et les satisfactions narcissiques qui l'accompagnent. Il en est de même pour les groupes sociaux. Il en résulte que ce qu'il est convenu d'appeler « l'injustice sociale » est moins apparente, moins étalée au grand jour, puisqu'elle ne s'exprime plus sous le seul aspect de la propriété des objets. Les échelles hiérarchiques s'expriment moins par un standing, un bien-être matériel susceptible de classer les individus que par un pouvoir, soi-disant lié au seul « mérite ». Mais le mérite se juge toujours sur la participation à la productivité et sur le conformisme à l'égard des concepts assurant la survie de la structure sociale, c'est-à-dire aux lois d'établissement des dominances.

Dans les deux systèmes sociaux l'urbanisation galopante et l'industrialisation aboutissent aux mêmes résultats : l'éloignement de l'acte professionnel de l'objet produit, la monotonie et l'automatisme des gestes professionnels, manuels ou intellectuels (car un geste automatique est plus rapide et plus efficace, donc plus productif), l'absence de spontanéité, d'innovation, donc d'imagination et de créativité dans cet acte professionnel, et en définitive l'ennui. L'impossibilité de sortir de l'engrenage de la machine sociale, l'impossibilité d'agir pour se gratifier, si ce n'est par une soumission conformiste au système de production, assurant alors l'ascension hiérarchique et la dominance, et pansant les plaies narcissiques, aboutit à la dépression ou à la violence.

La vie quotidienne pour le plus grand nombre est ainsi remplie par un travail sans joie qui permet l'approvisionnement en substrats, et pour certains par un espoir de satisfactions narcissiques, de gratifications matérielles ou d'exercice de la dominance. Ce pouvoir ne s'exerce d'ailleurs que dans l'environnement professionnel immédiat et ne possède aucune influence sur l'évolution de la structure sociale puisqu'il ne peut être que conforme aux règles d'établissement de celle-ci, sous peine pour l'individu d'être exclu, marginalisé. Si la vie professionnelle n'apporte pas les satisfactions matérielles ou narcissiques attendues, l'individu peut encore se replier sur la structure de base de la société, la famille. Il y retrouvera un système hiérarchique établi entre ses membres, et qui donne au mâle une dominance sur laquelle s'établit l'ensemble de l'édifice social. A tel point que la femme qui aujourd'hui revendique une égalité avec l'homme, ne l'envisage le plus souvent que dans le cadre de l'ascension hiérarchique professionnelle, celui des satisfactions matérielles liées au statut hiérarchique, qui est fonction lui-même du degré d'abstraction atteint dans l'information professionnelle. Ce que la femme exige avant tout, c'est d'entrer à armes égales dans le processus de production et de bénéficier des mêmes gratifications que ce processus octroie. Comme une telle vie quotidienne fondée sur l'ascension hiérarchique est loin de satisfaire le plus grand nombre, car la pyramide en est très étalée sur sa base, on essaie de compenser, en pays capitalistes, l'insatisfaction narcissique par la possession d'objets de plus en plus nombreux, produits de l'expansion industrielle et pour lesquels une publicité effrénée est entreprise de façon à éveiller le désir de les posséder. Il est d'ailleurs nécessaire que la masse consomme plus, pour que le profit s'accroissant du fait d'une consommation de plus en plus généralisée, les investissements augmentent et que l'échelle hiérarchique de dominance se perpétue. C'est le principe suivi par une société de consommation dont tout le monde profite, c'est bien connu. N'ayant jamais appris aux hommes qu'il peut exister d'autres activités que celles de produire et de consommer, lorsqu'ils arrivent à l'âge de la retraite il ne leur reste plus rien, ni motivation hiérarchique ou d'accroissement du bien-être matériel, ni satisfaction narcissique. Il ne leur reste plus qu'une déchéance accélérée au milieu des petits jeux du troisième âge. Heureux encore, lorsque les générations montantes, élevées dans la même optique, acceptent de conserver ces vieillards enveloppés dans un respect condescendant, affectueux, et paradoxalement paternaliste. Conscients d'être inutiles et souvent d'être une charge pour la société qui les supporte encore, ils s'éteignent enfouis dans leurs souvenirs, parfois agressifs et rancuniers.

Enfin, soucieuse de conserver l'approbation de masses laborieuses encore indispensables à la production expansionniste, la société industrielle organise les loisirs, que les masses ingurgitent au commandement, et qui constituent eux-mêmes une nouvelle source de profit, donc de maintien des dominances, tout en détournant l'attention de ces masses des problèmes existentiels fondamentaux. Voilà de quoi est faite la vie quotidienne de millions d'hommes : travail, famille... et loisirs organisés.

Bien sûr, personne n'empêche personne de « sublimer » sa vie, de rechercher la « transcendance », d'absorber la culture en place et d'y trouver des compensations à l'absurdité de sa vie quotidienne. De même, à l'absence d'action gratifiante, la soupape de l'engagement politique ou syndicaliste, du militantisme, peut procurer à l'individu l'impression qu'il sort de lui-même, travaille pour le bien commun et un monde meilleur, mais, dans ce dernier cas, il lui est généralement interdit de penser par lui-même, de rechercher ses sources d'information ailleurs que dans les bréviaires géné reusement psalmodiés au cours de réunions publi ques où, comme partout, c'est la mémoire et le conformisme qui sont les plus appréciés. Il lui est généralement interdit de faire fonctionner son imagination s'il veut bénéficier de la sécurisation apportée par l'appartenance au groupe et éviter de se faire traiter d'anarchiste, de gauchiste, voire même d'utopiste. Il lui faut faire allégeance aux leaders, aux pères inspirés, aux hommes providentiels, aux chefs responsables. Même dans la contestation des structures hiérarchiques de dominance, il doit encore s'inscrire dans une structure hiérarchique de dominance. Il existe un conformisme révolutionnaire comme il existe un conformisme conservateur.

Il y a moins d'un siècle, beaucoup d'hommes dans des pays européens n'étaient guère sortis de leur village. Les sources d'information et les possibilités d'action d'un individu demeuraient limitées à l'espace sensoriel dans lequel il passait sa vie. Il avait ainsi l'impression de pouvoir toujours dominer la situation, ou du moins de pouvoir agir efficacement pour la contrôler. Aujourd'hui, l'information planétaire pénètre à profusion dans le moindre espace clos et l'homme qui s'y trouve enfermé n'a pas la possibilité d'agir en retour efficacement. Il en résulte une angoisse qu'aucun acte gratifiant ou sécurisant ne peut apaiser. Seul l'engagement politique donne l'espoir d'y remédier par l'action de masse qu'il rend possible.

Ainsi, la vie quotidienne d'un homme d'aujourd'hui est prise entre un travail sans signification autre que celle d'assurer sa survie dans le cadre d'un processus de production, et les idéologies tentant d'organiser les structures sociales auxquelles il appartient. Ces idéologies s'expriment dans un langage, un discours logique, des « analyses » qui recouvrent toujours les pulsions et les automatismes acquis, qui eux demeurent inconscients dans leurs mécanismes et dans leur signification. Or, les pulsions ne font qu'orienter l'action sur le bien-être individuel et les automatismes acquis, la façonner au mieux du maintien d'une structure sociale. Celle-ci, dans l'inconscience encore des mécanismes qui dirigent son organisation, ne peut être qu'une structure de dominance. Autrement dit, entre la physique, appliquée à la production, et le discours, il n'y a rien.

En réalité, il devrait y avoir la connaissance de ce qui a permis la construction de la physique et de ce que cache le discours. Mais cette connaissance est si jeune, car elle ne pouvait pas apparaître avant que la science de l'inanimé se soit elle-même établie ; elle est si complexe car elle s'adresse à des structures où les processus thermodynamiques ne sont plus seuls en cause ; et surtout elle est si cachée, car la biologie de l'inconscient, la connaissance des processus qui animent notre système nerveux ont bien de la peine à se débarrasser du masque des processus de conscience, tout barbouillés du discours, que c'est tout récemment qu'elle a pu voir le jour.

Quand les sociétés fourniront à chaque individu, dès le plus jeune âge, puis toute sa vie durant, autant d'informations sur ce qu'il est, sur les mécanismes qui lui permettent de penser, de désirer, de se souvenir, d'être joyeux ou triste, calme ou angoissé, furieux ou débonnaire, sur les mécanismes qui lui permettent de vivre en résumé, de vivre avec les autres, quand elles lui donneront autant d'informations sur cet animal curieux qu'est l'Homme, qu'elles s'efforcent depuis toujours de lui en donner sur la façon la plus efficace de produire des marchandises, la vie quotidienne de cet individu risquera d'être transformée. Comme rien ne peut l'intéresser plus intensément que lui-même, quand il s'apercevra que l'introspection lui a caché l'essentiel et déformé le reste, que les choses se contentent d'être et que c'est nous, pour notre intérêt personnel ou celui du groupe auquel nous appartenons, qui leur attribuons une « valeur », sa vie quotidienne sera transfigurée. Il se sentira non plus isolé, mais réuni à travers le temps et l'espace, semblable aux autres mais différent, unique et multiple à la fois, conforme et particulier, passager et éternel, propriétaire de tout sans rien posséder et, cherchant sa propre joie, il en donnera aux autres.

Mais surtout, débarrassé du fatras encombrant des valeurs éternelles, jeune et nu comme au premier âge, et riche cependant de l'acquis des générations passées, chaque homme pourra peut-être alors apporter au monde sa créativité. Il ne restera plus qu'à souhaiter que celle-ci lui fasse découvrir des outils de connaissance alors que jusqu'ici ce sont surtout des outils de travail qu'elle a forgés. La créativité ne peut d'ailleurs être un travail, puisque suivant le contenu sémantique que nous avons précédemment donné à ces mots, elle assouvit un désir et non un besoin. Elle répond bien aux pulsions, mais en traversant l'écharpe irisée de l'imaginaire, ce qui lui évite de se soumettre, menottes aux poignets, à l'autorité de la socioculture, qui a déformé les systèmes nerveux à son avantage, tout au long de l'apprentissage des règles en vigueur du comportement social. Il ne s'agit pas d'un Rousseauisme utopique, d'un retour à la « bonne » nature, au « bon » sauvage, à Adam et Ève avant le péché originel, avant l'absorption d'acide malique, le poison de la connaissance. Non, il s'agit plutôt de ne pas confondre « création d'information », fait spécifiquement humain, avec « minéralisation de l'espace culturel ». La culture jusqu'ici n'a progressé dans sa forme non marchande qu'à coups de pied au cul administrés par cet être aveugle qu'est la pression de nécessité. La vie quotidienne du citoyen l'a suivie au pas cadencé. Je souhaite une culture faisant l'école buissonnière, le nez barbouillé de confiture, les cheveux en broussaille, sans pli de pantalon et cherchant à travers les taillis de l'imaginaire le sentier du désir.

Le sens de la vie

Ce qu'elle signifie, je suppose ? Allez demander à l'une de mes cellules hépatiques, le sens de sa vie. Elle vit bien, pourtant, puisque je vis avec elle. Je doute fort qu'elle vous réponde. Demandez aux bêtes qui peuplent la terre, la mer, les airs, le sens de la vie. Elles y participent pourtant. Mais je doute qu'elles vous répondent. Demandez en français à un Chinois ne parlant que le chinois, quel est le sens de la vie. Je doute qu'il vous réponde. Pour qu'il y ait un sens, il faut qu'il y ait un message. Pour qu'il y ait message, il faut une conscience pour le formuler, suivant un certain code, un système de transmission, une conscience pour le recevoir et le décoder. Si j'écris : « La chair est triste, hélas, et j'ai lu tous les livres », j'ai écrit des lettres qui ne sont pas placées au hasard, mais dans un ordre précis les unes par rapport aux autres; elles forment des mots, qui chacun a une fonction dans la phrase : sujet, complément, verbe, etc. L'organisation de l'ensemble constitue le message, le signifiant. Il est le support de la sémantique, du signifié, qui, lui, constitue l'information que je veux transmettre. Dire que la vie a un sens peut se traduire en disant qu'elle est le support structuré, le message, le signifiant d'une sémantique, d'un signifié. Mais alors, on peut affirmer que ce message n'est compréhensible ni pour ma cellule hépatique ni pour l'animal, mais pour l'Homme. C'est dire qu'il s'exprime dans un langage universel pour l'Homme, mais rien que pour lui. A moins... A moins que nous n'admettions que la conscience humaine est « La Conscience » accomplie, exprimant une structure constituant le modèle de l'ensemble des structures universelles. Cette hypothèse paraît fort anthropocentrique et peu probable. Je serais même tenté de croire que, pas plus que ma cellule hépatique n'a conscience du discours que je tiens, pas plus, individus que nous sommes, nous n'aurons conscience du discours que tiendra l'organisme planétaire que constituera peut-être un jour, ou que constitue peut-être déjà, l'ensemble des individus, morts et vivants, rassemblés dans l'espèce humaine. Car l'espèce est faite des morts et des vivants comme un organisme qui survit alors qu'à chaque seconde des cellules en lui disparaissent.

D'autre part, la vie avec un grand V est un concept critiquable. Il existe des organismes vivants plus ou moins complexes, et si les lois structurales qui régissent leur organisation semblent bien demeurer les mêmes du bas au haut de l'échelle, si la source énergétique qui les anime paraît bien être pour tous l'énergie solaire, si en définitive l'ensemble des systèmes vivants au sein de la biosphère paraît bien constituer un tout cohérent malgré la variabilité des formes de ses éléments, rien ne nous autorise à considérer cet ensemble comme « animé » par une force particulière, indépendante des lois de la nature, un élan vital, que nous symboliserions par ce mot « Vie ». Ainsi, la recherche du « sens de la vie » me semble devoir être interprétée comme la recherche d'une finalité de l'ensemble des processus vivants dans cette partie infiniment limitée de l'univers, la biosphère. S'il existe d'autres structures organisées complexes, par « niveaux d'organisation », d'autres mondes au sein du cosmos, quels critères utiliserons-nous pour décider de leur appartenance à la « Vie » ?

Il semble que nous ne pourrons le faire qu'en connaissant précisément les lois et les mécanismes structuraux, que nous commençons à entrevoir, qui organisent les êtres vivants dans le monde où nous sommes, puis en recherchant leur possible analogie avec les lois et les mécanismes structuraux présidant à l'organisation des formes nouvelles qu'il nous sera donné d'observer. Si nous nous bornons à relever certaines propriétés fonctionnelles de cette matière organisée, telles que celles que nous étiquetons avec des mots, comme conscience, imagination, mémoire, etc., il n'est pas certain que les mécanismes différents de ceux que nous connaissons ici, sous-tendent les mêmes fonctions. Il est à peu près certain en tout cas que nous ne pourrons comprendre que ce que l'organisation de notre propre structure nerveuse nous autorisera à comprendre, de même que ma cellule hépatique ne peut intégrer que les signaux que sa structure de cellule hépatique lui permet de décoder et non le discours prétendument logique que je suis en train d'élaborer.

Ce préambule étant posé, pouvons-nous tenter de comprendre le « sens », c'est-à-dire la signification, le contenu sémantique, supporté par l'organisation d'ensemble des processus vivants qu'offrent à notre observation les individus qui constituent les espèces vivantes au sein de la biosphère ? Et parmi ces espèces, le « sens » de la vie d'une espèce qui nous intéresse particulièrement, l'espèce humaine ? La structure du message, du signifiant, la théorie de l'évolution, nous ont montré qu'elle avait changé au cours des âges. Mais si nous sommes en présence d'un fait, nous sommes encore loin d'en connaître les mécanismes. Même si nous parvenons à préciser ceux-ci, le phénomène ayant pris place dans le temps, c'est notre notion humaine du temps qui sera mise en cause. Observé à l'instant présent, l'ensemble des processus vivants nous a fourni déjà quelques indications, au cours des dernières décennies, sur les mécanismes purement physiques, thermodynamiques, de son existence. Il nous a fourni plus récemment encore quelques indications sur les mécanismes structuraux qui en constituent le caractère spécifique. Les notions et les faits liés à la connaissance de la matière, de l'énergie et de l'information, nous ont ainsi permis de mieux comprendre comment les lettres du message étaient assemblées. Nous avons, avec la physique et la biologie contemporaine, débouché sur la syntaxe des processus vivants. Serons-nous jamais capables d'en comprendre la sémantique ? Que veut dire le message dont nous disséquons la structure ? Y a-t-il même un signifié à transmettre ? Dans l'ignorance de celui-ci, la Vie peut-elle avoir un sens ? Nous sommes dans la position de quelqu'un ayant en main un papier couvert de signes, qui se croirait dépositaire d'un message rédigé dans une langue qu'il ignore, persuadé qu'il lui faut le porter dans les meilleurs délais possibles vers un destinataire qu'il ne connaît pas. Il a beau connaître parfaitement la structure physico-chimique de l'encre et du papier, celle du moyen de communication qu'il a choisi, le principe du moteur à explosion par exemple, il ne peut être sûr que ce papier qu'il a entre les mains est un message, que ce message a été rédigé par quelqu'un, voulant informer un autre, non plus que du sens de cette information. Ou bien l'on quitte le domaine de la science pour celui de la Foi.

Je ne mets d'ailleurs dans cette distinction aucun jugement de valeur concernant l'une ou l'autre. J'essaie seulement de définir les genres, en ajoutant que quel que soit le domaine que nous choisissons, même si nous adoptons les deux à la fois en connaissant leurs caractéristiques incompatibles, nous n'avons aucune raison logique d'imposer notre attitude aux autres. Souvenons-nous de rendre à César ce qui est à César et à Dieu ce qui est à Dieu.

Puisque le contenu sémantique du signifiant ne peut être du domaine de la science, nous est-il possible, en nous limitant à la syntaxe de ce signifiant, de découvrir quelques notions limitées éclairant l'action ; quelques notions nous permettant de découvrir une finalité restreinte puisque la finalité globale, généralisée, nous échappe ? La finalité est prise là dans son sens cybernétique, c'est-à-dire d'un « but permettant de rendre efficace l'action ». Les processus vivants étant ce qu'ils sont, c'est-à-dire étant programmés comme ils le sont, le problème est alors non de savoir qui les a programmés, non plus même de savoir comment ils ont été programmés, mais ce programme s'imposant à l'observateur, à quelle action aboutit-il ?

Que l'on tourne la question dans tous les sens, on arrive toujours à cette notion que la finalité d'une structure vivante ne peut être que de maintenir sa structure, structure complexe dans un environnement qui l'est moins. Si une autre finalité immédiate existait pour elle, il n'y aurait jamais eu de structures vivantes car elles auraient été entièrement soumises à l'entropie. Or, si les systèmes vivants au sein de la biosphère répondent bien au principe de Carnot-Clausius, puisqu'ils tirent leur existence de l'entropie solaire, si en d'autres termes ils ne contredisent pas le deuxième principe dans le domaine de la thermodynamique, dans le domaine de l'information par contre, l'évolution tout entière et l'existence, même passagère des organismes vivants, ils constituent un retard, une halte dans le processus d'homogénéisation, dans le nivellement thermodynamique.

Or, depuis les premiers êtres unicellulaires, l'évolution s'est poursuivie par une réunion des individus en sociétés cellulaires qui ont abouti aux êtres pluricellulaires, de plus en plus perfectionnés jusqu'à l'Homme. La spécialisation des fonctions est apparue dès les premières tentatives de socialisation cellulaire. Mais dans ces organismes pluricellulaires chaque cellule ou chaque groupe de cellules participant à la même fonction ont eu comme finalité dès lors d'assurer le maintien de la structure de l'organisme ainsi créé. La fonction spécialisée s'est pliée aux exigences de la survie de la communauté organique. On est passé des niveaux d'organisation intracellulaires à ceux des cellules, des organes, des systèmes, des organismes enfin.

Si cette loi organisationnelle, qui ne s'est jamais démentie depuis les origines, se poursuit au stade où est parvenue l'espèce humaine, nous devrions assister à l'apparition d'un nouveau palier d'organisation englobant l'ensemble des individus humains dans un organisme planétaire. Cette opinion peut paraître utopique, car il n'y a pas de raison dans ce cas que l'on n'assiste pas à l'apparition d'un organisme planétaire pour chaque espèce animale actuellement présente sur la terre. Mais aucun individu appartenant à ces espèces ne possède semble-t-il la conscience d'être et d'appartenir à une espèce. Il leur manque d'ajouter de l'information à la matière et il n'est peut-être pas interdit d'espérer que l'espèce humaine, après avoir passé des siècles à informer la matière inanimée, à faire des marchandises, se mette un jour à informer la matière vivante. Et cela non seulement pour transformer le code génétique, ce que les expériences les plus récentes de manipulations génétiques ne rendent pas improbable, mais bien plutôt pour atteindre un nouveau palier d'organisation, celui de l'espèce humaine. Ce faisant, nous n'aurons encore abordé que le problème de la syntaxe, mais pas celui de la sémantique. Nous n'aurons fait que nous soumettre, mais avec notre niveau particulier de conscience, à une loi générale d'organisation des processus vivants. Nous n'aurons fait qu'obéir à une pression de nécessité, mais une pression de nécessité propre à l'Homme, car il est seul à avoir conscience et à connaître sa dispersion planétaire, ce qui n'arrivera jamais aux sociétés d'abeilles.

Le sens de la vie ne peut être celui de l'individu séparé de son contexte social, puisque nous avons dit déjà que l'Homme n'existait pas en dehors des autres qui le font. Mais on ne peut imaginer que ce contexte social se limite à des sous-ensembles défendant leur structure hiérarchique de dominance et le territoire matériel et énergétique, la niche écologique où celle-ci s'est établie. Car, accroissant chaque jour leur information technique, certains de ces sous-ensembles ont été chercher dans d'autres niches écologiques la matière et l'énergie qui leur faisaient défaut pour exploiter leur information personnelle. C'est ainsi que l'impérialisme est né, que les guerres, les génocides se sont multipliés. On peut dire qu'en agissant ainsi ces groupes sociaux ont obéi à une pression de nécessité, mais c'était celle des espèces qui ont précédé l'Homme chez lesquelles le plus fort gagne, le mieux adapté survit. Or, le mieux adapté d'une époque n'est pas forcément le mieux adapté de la suivante. C'est pour cette raison que les grands sauriens du secondaire ne sont plus parmi nous. Les groupes sociaux dont nous parlions plus haut ont transformé l'environnement du fait de leur dominance. Mais ils sont en train de le détruire et toute l'espèce risque de disparaître avec eux. En ayant conscience du fait que nous avons obéi à une pression de nécessité qui a gouverné jusqu'ici, et jusqu'à l'Homme y compris, l'évolution des espèces, serons-nous assez conscients cependant pour contrôler ce déterminisme, pour contrôler nos pulsions ancestrales par la prévision de l'avenir vers lequel elles nous mènent ?

Le sens de la vie d'un être humain ne peut se comprendre dans le domaine de la Science, que si on ne le désunit pas de celui de l'espèce. Il ne peut se limiter à la survie d'un sous-groupe prédateur et agressif, cherchant à s'approprier un territoire, spatial, économique, linguistique ou culturel. La terre est à tous ceux qui y vivent. Elle est ronde, et ses limites sont celles qu'elle occupe dans le système solaire. Elle n'a pas de murs mitoyens, de propriété privée, de barrières, de grillages. La matière et l'énergie qu'elle recèle n'ont appartenu jusqu'ici qu'à ceux capables de créer l'information technique nécessaire à les utiliser. Cette information a fourni à ceux qui la possédaient les armes les plus perfectionnées pour asservir les autres. Elle leur a permis d'exploiter la terre, la mer et l'air, en abandonnant aux autres leurs déchets.

Mais comment parvenir à une organisation planétaire de l'espèce humaine, dans l'ignorance des structures nerveuses et du mécanisme de leur fonctionnement qui font que l'autre est toujours celui qui s'oppose à la gratification individuelle et qui, pour assurer la sienne, a toujours jusqu'ici tenté d'imposer sa dominance ? Dominance qui est toujours camouflée sous l'expression langagière des beaux sentiments ou d'un paternalisme protecteur. Entre l'individu et l'espèce, il y a toujours eu les groupes sociaux, équivalents des formes imparfaites qui aux stades précédant l'apparition de l'Homme au cours de l'évolution, ont successivement tenté de dominer la niche écologique qui les avait vues naître. Mais la pression de nécessité a permis que s'établisse un certain équilibre entre elles, une certaine coopération même, qui a abouti aux équilibres écologiques précaires que nous découvrons. Avec l'Homme, la dominance meurtrière déborde le cadre interspécifique pour pénétrer dans le cadre intraspécifique, et il est la seule espèce à profiter du meurtre de ses contemporains. Si le sens de la vie de l'individu est bien de vivre, de maintenir sa structure, et si ce faisant il participe évidemment à la survie de l'espèce, cette finalité ne peut s'arrêter en chemin et trouver une synergie avec la survie d'un groupe social limité quel qu'il soit, même si un intérêt apparemment commun réunit les individus du groupe. On débouche sur le racisme, camouflé bien souvent sous l'aspect de ce qui paraît être un antiracisme d'autant plus dangereux qu'il profite alors de la mauvaise conscience des autres. Toutes les idées, idéologies, concepts, sentiments, automatismes culturels qui, animant un individu, l'arrêtent sur le chemin qui le mène à l'espèce et le sécurisent par une appartenance à un groupe social, relèvent de la préhistoire de l'espèce humaine. Et c'est généralement au nom de l'Histoire, d'une culture étriquée et dépassée par la course même de l'évolution, que l'on mobilise les individus et les pousse à l'assassinat intraspécifique.

Le sens de la vie, sa sémantique nous échappe et nous échappera sans doute toujours. Par contre, connaissant ce que nous savons déjà du signifiant, ce que l'évolution et la récente biologie des comportements commencent à nous faire entrevoir de sa structure, la syntaxe dont elles sont en train de nous faire découvrir les lois, nous ne serons plus pardonnables bientôt si nous continuons à faire des fautes de grammaire. Nous ne saurons point sans doute si le message est compréhensible, d'où il vient, ni à qui il est destiné. Mais nous aurons au moins la certitude de ne pas ajouter de bruit ou des parasites dans sa transmission. Nous serons dans la position d'un ingénieur des télécommunications. Chacun pourra y trouver alors, s'il lui plaît et s'il en a besoin pour se sécuriser, une conscience émettrice pour une fin cosmique.

Mais que l'on nous fiche la paix avec tous les mots creux qui ont permis jusqu'à ce jour de mener les masses vers un idéal de meurtres et de dominance, toujours pour la bonne cause : celle de l'amour, de la responsabilité, de la liberté, de la fraternité, de l'espérance. Ne serait-il pas alors possible d'atteindre la paix et la tolérance, en louant la haine, l'irresponsabilité, l'esclavage, l'égoïsme et le désespoir ? Je crains les mots qu'on prononce pour se donner bonne conscience, pour détourner le destin, pour se voiler les yeux, et finalement pour ne rien faire. Qu'on en finisse avec les humanistes bêlants qui tentent de nous faire croire au père Noël et à la force des mots. Il ne leur en coûte pas beaucoup de les prononcer. Le sens de la vie humaine n'est sans doute que l'accès à la connaissance du monde vivant sous laquelle celle du monde inanimé n'aboutit qu'à l'expression individuelle et sociale des dominances sous la couverture mensongère du discours.

La politique

La politique devrait être la forme la plus élaborée des activités humaines. Seule espèce à se concevoir en tant qu'espèce, l'espèce humaine cherche encore son mode d'organisation planétaire. Imaginer des rapports interindividuels permettant l'établissement de groupes humains, capables eux-mêmes de s'intégrer sans antagonisme dans des ensembles humains de plus en plus importants pour parvenir enfin à constituer un organisme planétaire fonctionnant harmonieusement et permettant à chaque individu d'œuvrer de telle façon, pendant sa courte vie, qu'en assurant celle-ci il assure en même temps celle de l'espèce, tel est en définitive, semble-t-il, l'objet de la Politique. C'est d'abord une science de l'organisation des structures sociales.

Mais chaque groupe social vit dans un contexte géoclimatique, une niche écologique où il trouve la matière et l'énergie nécessaires au maintien de la structure de chaque individu qui le compose, nécessaires aussi, nous l'avons vu, au maintien de la structure sociale, c'est-à-dire de celle qui règle les rapports interindividuels. C'est l'aspect thermodynamique, autrement dit économique, des rapports sociaux. Nous retrouvons là les notions envisagées précédemment . un organisme a besoin de la matière et de l'énergie prises au milieu qui l'entoure pour maintenir sa structure. Dans le règne animal, une partie de cette énergie prise au milieu est transformée par les organismes en travail et chaleur qui permettent une action sur ce milieu facilitant l'obtention de la nourriture et la fuite ou la lutte pour la protection de cet organisme, c'est-à-dire la conservation de sa structure. L'Homme, grâce à ses mécanismes associatifs, à ses processus imaginaires, actualisés ensuite dans une action, est capable d'ajouter une information qui transforme matière et énergie au mieux de sa survie, du maintien de sa structure.

Nous avons vu aussi que dès que des relations interindividuelles, qu'une structure sociale se constituent, une partie de ce travail est alors destinée au maintien de celle-ci et que nous avions rapproché ce travail, qui n'est qu'indirectement utile au maintien de la structure individuelle, de la plus-value. Ce travail soustrait à l'individu ne lui est qu'indirectement rendu, mais puisqu'un individu isolé est impensable, que l'individu s'inscrit forcément dans une société, que la structure de cette société ne peut avoir son support énergétique que dans les individus eux-mêmes, il est bien évident que cette plus-value est le fondement de toute société.

Le problème commence quand on se pose la question de savoir quelle structure sociale cette plus-value va permettre, quels rapports interindividuels elle va entretenir, autoriser. On voit combien le problème économique est intimement lié au problème sociologique. Or, le problème sociologique se résume à des rapports interindividuels et de groupes commandés par une biologie des comportements qui, jusqu'ici, n'a jamais été prise en compte. Que nos systèmes nerveux soient programmés de telle façon qu'ils nous permettent d'agir dans un certain espace, et grâce à cette action de conserver la structure de l'organisme auquel ils appartiennent ; que dans cet espace ils tentent alors de garder à leur disposition les objets et les êtres gratifiants, ceux qu'ils savent par apprentissage permettre le maintien de leur structure organique, du plaisir; qu'ils entrent alors en compétition avec les autres pour l'obtention et la « propriété » de ces objets et de ces êtres; qu'il en résulte obligatoirement l'apparition d'une hiérarchie ; que dans le monde humain cette hiérarchie favorise ceux qui manipulent l'information technique abstraite, nécessaire à la création des machines et à la production intensive des marchandises, sont des notions par exemple qui ne sont jamais invoquées à l'origine des disparités socio-économiques, des dominances intra- et internationales. Nous avons développé beaucoup plus longuement ces notions dans un livre récent déjà cité[1].

Supprimer la propriété privée des moyens de production et d'échanges, qui enchaîne celui qui ne possède pas à la dominance de celui qui possède, est évidemment un facteur indispensable à la transformation des rapports socio-économiques. Mais le progrès sera inapparent si, chaque individu manquant d'informations non plus techniques, professionnelles, mais générales, concernant les lois biologiques d'organisation des sociétés, la plus-value est utilisée suivant les décisions de quelques-uns, bureaucrates et technocrates, qui expriment ainsi leur dominance et satisfont leur narcissisme. Le malaise social résulte moins sans doute de disparités économiques que de l'aliénation hiérarchique. Si en pays capitalistes les disparités économiques sont fonction le plus souvent des disparités hiérarchiques, en pays socialistes où les disparités économiques sont moins flagrantes, bien que persistant encore, les disparités hiérarchiques subsistent et il ne suffit pas de s'interpeller en s'appelant « camarade » pour que disparaissent dominants et dominés, classes dirigeantes et classes dirigées, toute-puissance du parti par rapport à la base.

Parler de politique aujourd'hui, c'est couvrir sous un discours logique emprunté aux partis politiques de référence, une affectivité inconsciente, celle des

1 Laborit (H.) : *La Nouvelle Grille*, R. Laffont éd.

pulsions et des automatismes culturels, du narcissisme satisfait ou insatisfait dans la structure hiérarchique dominante. Le conservateur est satisfait de son statut social, le révolutionnaire insatisfait. Ils parlent l'un et l'autre en vertu de grands principes généraux et généreux et semblent considérer que leurs options sont les seules bénéfiques pour l'ensemble humain auquel ils appartiennent, quand ce n'est pas le plus souvent pour l'humanité entière. L'un et l'autre paraissent parfaitement désintéressés et accumulent les arguments, tous parfaitement logiques, les analyses les plus pertinentes des faits sociaux et économiques, valables non pour eux mais pour la totalité de la planète. Aucun d'eux ne dit, et l'on peut se demander même s'ils en sont conscients, qu'ils défendent leur propre statut social, leur propre intérêt, leur place hiérarchique dans la société. Ce qu'il est convenu d'appeler la conscience de classe me paraît être non point un fait de conscience, mais un fait affectif, l'expression d'innombrables facteurs inconscients. Or, parmi les arguments invoqués pour défendre une option politique, certains résultent d'une observation correcte des faits sociaux et économiques et il est alors difficile de les critiquer. Il est illogique d'ailleurs de vouloir critiquer des faits, mais on peut critiquer l'interprétation prétendument logique de ces faits et le choix prétendument conscient et désintéressé de l'action politique qui en découle. Comme toujours, le contenu du discours n'a pas plus d'importance que ce qui mène le discours. Ce qui fait dire et qui demeure sous-jacent au discours est tout aussi indispensable à l'interprétation des faits observés que ce qui est dit. Les faits sociaux et économiques ne peuvent être décodés que si l'on utilise la grille générale des comportements humains en situation sociale. Si l'on élimine l'homme de ses propres activités, on ne trouve qu'une structure gratuite, un modèle sans authenticité, une idéologie, et l'on reproduit au cours des siècles les systèmes hiérarchiques de dominance.

Croire que l'on s'est débarrassé de l'individualisme bourgeois parce que l'on s'exprime à l'ombre protectrice des classes sociales et de leurs luttes, que l'on semble agir contre le profit, l'exploitation de l'homme par l'homme, les puissances d'argent, les pouvoirs établis, c'est faire preuve d'une parfaite ignorance de ce qui motive, dirige, oriente les actions humaines et avant tout de ce qui motive, dirige et oriente nos propres jugements, nos propres actions. Cela ne veut pas dire qu'il ne faille pas s'exprimer ainsi et agir en ce sens, mais cela veut dire qu'il est utile de savoir que, derrière un discours prétendument altruiste et généreux, se cachent des motivations pulsionnelles, des désirs de dominance inassouvis, des apprentissages culturels, une soumission récompensée à leurs interdits ou une révolte inefficace contre l'aliénation de nos actes gratifiants à l'ordre social, une recherche de satisfactions narcissiques, etc. De sorte que lorsqu'une communauté d'intérêts permet à un groupe humain de renverser un jour le pouvoir établi, on voit aussitôt naître au sein du nouveau pouvoir une lutte compétitive pour l'obtention de la dominance, un nouveau système hiérarchique apparaître et s'institutionnaliser. Le cycle recommence.

On devine ainsi la tromperie que peut constituer ce qu'il est convenu d'appeler la démocratie. L'opinion « politique » d'un individu n'exprimant le plus souvent que sa satisfaction ou son insatisfaction en fonction du niveau qu'il a atteint dans l'échelle hiérarchique, suivant l'image qu'il s'est faite de lui-même, l'opinion d'une « majorité » n'est jamais le fait d'une connaissance étendue, à la fois globalisante et analytique des problèmes socio-économiques, mais le résultat de l'intégration d'innombrables facteurs affectifs individuels et de groupe, qui trouve toujours un discours logique ensuite pour valider son existence.

La source économique de la satisfaction ou de l'insatisfaction se traite généralement en augmentant le pouvoir d'achat du plus grand nombre, ce qui permet l'obtention par celui-ci d'une quantité plus importante d'objets gratifiants. Pour cela il faut en produire plus, ce qui permet de lutter efficacement, paraît-il, contre le chômage. Mais d'autre part, l'échelle hiérarchique de dominance étant conservée, et celle-ci s'appuyant en partie, en pays capitalistes, sur la quantité d'objets consommables attribués à l'individu en fonction du niveau qu'il a atteint sur cette échelle, les disparités économiques se perpétuent bien que le niveau de vie général se soit élevé. Les critères matériels du bien-être sont évidemment variables avec les époques et les régions et dépendent des besoins appris beaucoup plus que des besoins fondamentaux. D'autre part, toujours en pays capitalistes, les disparités économiques étant un des éléments essentiels maintenant les différences entre individus, l'assouvissement des besoins fondamentaux n'est plus la finalité du travail humain, mais l'assouvissement des besoins acquis, cette finalité passe par le profit, qui permet de maintenir les différences tout en élevant le niveau général de vie. Il en résulte une publicité effrénée pour créer de nouveaux besoins permettant de nouveaux profits et le maintien de l'échelle hiérarchique de dominance économique. Or, ce monde de l'expansion économique utilise pour la production de ses marchandises de la matière (dite première), de l'énergie et une information technique (celle des brevets et celle de l'apprentissage humain). Les pays hautement industrialisés ne trouvent plus dans leur niche écologique la matière et l'énergie suffisantes à l'utilisation de leur information technique et à l'assouvissement de leurs besoins acquis, et pour poursuivre leur expansion, propriétaires de l'information technique, seule capable de transformer et d'utiliser matière et énergie, ils sont allés chercher celles-ci en dehors de leur niche écologique. Ce fut la cause fondamentale de l'impérialisme et d'une nouvelle échelle de dominance internationale, les pays les plus riches en informations techniques détenant la puissance des armes, du capital international, et exploitant leur inflation et leur mode de vie, leur réussite matérielle incitant les autres peuples à imiter leurs structures sociale et économique, pour participer à leur dominance.

Il est amusant de constater que les pouvoirs tentent de nous persuader de la nécessité de tirer des bordées successives entre l'inflation et le chômage pour atteindre le but souhaité du bien-être dans l'expansion continue. Or, utiliser le profit pour maintenir les échelles hiérarchiques de dominance, c'est permettre, grâce à la publicité, une débauche insensée de produits inutiles, c'est l'incitation à dilapider pour leur production le capital-matériel et énergétique de la planète, sans souci du sort de ceux qui ne possèdent pas l'information technique et les multiples moyens du faire-savoir. C'est aboutir à la création de monstres économiques multinationaux dont la seule règle est leur propre survie économique qui n'est réalisable que par leur dominance planétaire. C'est en définitive faire disparaître tout pouvoir non conforme au désir de puissance purement économique de ces monstres producteurs.

Lorsque matière et énergie ne sont plus trouvées en quantité suffisante dans le cadre géographique d'un peuple, si l'impérialisme ne lui permet plus de se les procurer à vil prix en les soustrayant à d'autres peuples dont le développement de l'information technique insuffisante ne leur a pas permis de les utiliser, ce peuple a encore la possibilité d'exporter ses connaissances techniques. Ce sont elles qui lui permettent de transformer matière et énergie en produits consommables et ce sont elles qui se vendent avec la vente de ces derniers. D'où l'extension de l'espionnage économique pour se procurer sans frais les techniques nouvelles de fabrication.

Je regrette, au cours de ce chapitre où il m'est demandé de traiter de la « Politique », de devoir faire ce « digest » squelettique d'économie politique. Conscient de son insuffisance, je n'ai pour intention que de montrer qu'à partir des sous-groupes humains, entreprises, cités, corporations, régions, nations, groupes de nations, toute l'organisation planétaire des sociétés humaines est, aujourd'hui comme hier, fondée sur la recherche de la dominance, la recherche de la dominance interindividuelle aboutissant à celle des groupes humains entre eux, à tous les niveaux d'organisation auxquels on peut les appréhender. Nous avons essayé de montrer que si l'obtention de la dominance se réalise par l'intermédiaire du profit, la finalité d'une telle structure sociale devient une finalité économique, le profit devenant le moyen presque exclusif de maintenir l'échelle des dominances.

C'est ainsi que l'on peut discuter à perte de vue avec des arguments sérieux en faveur ou contre les sociétés multinationales. Mais en réalité leurs dirigeants sont généralement des technocrates qui ne désirent qu'exprimer leur besoin de prestige et de puissance dans le développement croissant et tentaculaire de leur firme. Ils se heurtent à des chefs de gouvernement ou à des dirigeants syndicalistes qui sont animés par des pulsions identiques à travers un apprentissage culturel différent, et dont le discours logique comporte autant d'éléments convaincants que le leur. Quant à ce qu'il est convenu d'appeler les intellectuels, ceux dont les innovations techniques sont indispensables à l'extension de la puissance commerciale de ces firmes, ou bien ils estiment leur rôle insuffisamment apprécié par les protagonistes précédents et critiquent amèrement le système dont ils dépendent, sans aller le plus souvent jusqu'à la grève qui les priverait d'avantages économiques et hiérarchiques appréciables ; ou bien ils se considèrent suffisamment gratifiés par leurs promotions hiérarchiques successives et se font de fidèles défenseurs du système.

Il semble, du point de vue économique, qu'aussi longtemps que la propriété privée ou étatique des matières premières, de l'énergie et de l'information technique, n'aura pas été supprimée, aussi longtemps qu'une gestion planétaire de ces trois éléments n'aura pas été organisée et établie, subsisteront des disparités internationales qui ne peuvent que favoriser la pérennité des disparités intranationales. Mais, à supposer même que cette propriété privée ou étatique soit supprimée, il restera à résoudre le système hiérarchique planétaire de dominance qui ne manquera pas alors de s'instituer sous le couvert sans doute d'une « démocratie » planétaire.

Si, abandonnant ce point de vue totalisateur, nous revenons au problème individuel et que nous tentions de parcourir le chemin inverse, du particulier au général, nous constatons immédiatement que les isolats humains n'étant plus réalisables au stade d'évolution de l'espèce, une transformation profonde du statut de l'individu n'est possible que si elle s'intègre dans une transformation synergique de tous les ensembles sociaux jusqu'au plus grand ensemble que constitue l'espèce.

Il paraît évident que la révolution socialiste de 1917 n'a dû son succès qu'à une possibilité d'isolement, une autarcie complète autorisée par l'étendue de la niche écologique où elle a pris naissance. Le rideau de fer n'a pas résulté d'un choix mais d'une pression de nécessité. On voit combien une révolution socialiste au Chili ou au Portugal à de la peine à survivre lorsqu'elle ne s'inscrit pas, comme le fit Cuba, dans un système englobant susceptible d'en protéger la structure. D'autre part, l'expérience des révolutions socialistes contemporaines, compte tenu des progrès indiscutables accomplis par les pays où elles ont pu s'institutionnaliser, ne fournit pas un exemple suffisamment convaincant dans bien des domaines des comportements sociaux pour qu'on puisse sans hésitation s'inféoder à leur système de dominance.

C'est un nouveau système de relations interindividuelles qu'il faut inventer, s'inspirant des échecs des systèmes précédents et capable de limiter les dégâts des échelles hiérarchiques de dominance. Les révolutions socialistes ont considérablement diminué, ou même supprimé, la recherche du profit comme moyen de leur établissement. Mais le prestige, la conquête du pouvoir, généralement liés au conformisme à l'égard d'une idéologie sectaire ont été des moyens aussi efficaces d'établissement d'échelles hiérarchiques de dominance. Les moyens de dominance ont changé, mais la domination persiste. Le plus grand nombre n'est pas plus maître qu'avant de son destin. Pas plus autorisé à faire aboutir son projet personnel s'il n'est pas conforme au projet des maîtres à penser du moment. Le projet autogestionnaire planétisé pourrait être une solution. Nous avons dit, dans un autre ouvrage[1], pourquoi cette structure socio-économique ne deviendrait efficace que si l'ensemble des populations acquérait une connaissance de ce que nous avons appelé l'information généralisée et non plus technique. Seule une telle information est susceptible de définir *non plus les moyens d'obtention* d'une certaine structure sociale, mais avant tout la *finalité désirée* par cette structure et de faire accepter cette finalité sur le plan mondial. Sans quoi on risque de retomber dans une recherche des dominances à tous les niveaux d'organisation de la société humaine. C'est une banalité de dire que c'est en définitive un choix de civilisation devant lequel se trouve aujourd'hui placée l'espèce humaine. Il semble curieux de me voir ici parler de choix. En réalité, il est certain qu'il ne s'agira pas de choix. Il s'agira, compte tenu d'un accès à la connaissance, d'une certaine conscience diffuse de ce vers quoi

1. H. Laborit, *Société informationnelle. Idées pour l'autogestion.* Éd. du Cerf (1973).

nous mènent nos comportements anciens, de la compréhension tardive des mécanismes qui les gouvernent, d'une nouvelle pression de nécessité à laquelle nous devrons obéir si l'espèce doit survivre. Il ne s'agit même pas de savoir s'il est bel et bon que l'espèce survive, nous ne savons même pas si elle survivra. Mais il paraît certain que si elle doit survivre, sa survie implique une transformation profonde du comportement humain. Et cette transformation n'est possible que si l'ensemble des hommes prend connaissance des mécanismes qui les font penser, juger et agir.

Si certains seulement sont informés, ils se heurteront toujours au mur compact du désir de dominance de ceux qui ne le sont pas et ils ne devront leur salut individuel et leur tranquillité pendant leur éphémère passage dans le monde des vivants, qu'à la fuite, loin des compétitions hiérarchiques et des dominances, à moins qu'ils ne soient, malgré eux, entraînés dans les tueries intraspécifiques que ces dernières ne cessent de faire naître à travers le monde.

Il existe peut-être parmi les discours logiques, parmi les idéologies susceptibles d'orienter l'action, une hiérarchie de valeur. Mais, en définitive, le seul critère capable de nous permettre d'établir cette hiérarchie, c'est la défense de la veuve et de l'orphelin. Don Quichotte avait raison. Sa position est la seule défendable. Toute autorité imposée par la force est à combattre. Mais la force, la violence, ne sont pas toujours du côté où l'on croit les voir. La violence institutionnalisée, celle qui prétend s'appuyer sur la volonté du plus grand nombre, plus grand nombre devenu gâteux non sous l'action de la marijuana, mais sous l'intoxication des mass media et des automatismes culturels traînant leur sabre sur le sol poussiéreux de l'Histoire, la violence des justes et des bien-pensants, ceux-là même qui envoyèrent le Christ en croix, toujours solidement accrochés à leur temple, leurs décorations et leurs marchandises, la violence qui s'ignore ou se croit justifiée, est fondamentalement contraire à l'évolution de l'espèce. Il faut la combattre et lui pardonner car elle ne sait pas ce qu'elle fait. On ne peut en vouloir à des êtres inconscients, même si leur prétention a quelque chose d'insupportable souvent. Prendre systématiquement le parti du plus faible est une règle qui permet pratiquement de ne jamais rien regretter. Encore faut-il ne pas se tromper dans le diagnostic permettant de savoir qui est le plus faible. La notion de classe n'est pas toujours suffisante. La logique du discours est encore capable, là aussi, de camoufler le rapport de force. Je serais tenté de dire plutôt qu'il faut éviter d'être du côté d'une majorité triomphante et si par hasard il arrive qu'une minorité devienne une majorité et triomphe, alors il faut trouver autre chose. Il faut créer une nouvelle minorité qui ne soit ni l'ancienne ni la nouvelle, mais quelque chose d'autre. Et tout cela n'est valable que si vraiment vous ne pouvez pas vous faire plaisir autrement. Si, en d'autres termes, vous êtes foncièrement masochiste. Sans quoi, la fuite est encore préférable et tout aussi efficace, à condition qu'elle soit dans l'imaginaire. Aucun passeport n'est exigé.

Quand on comprend que les hommes s'entretuent pour établir leur dominance ou la conserver, on est tenté de conclure que la maladie la plus dangereuse pour l'espèce humaine, ce n'est ni le cancer, ni les maladies cardio-vasculaires, comme on tente de nous le faire croire, mais plutôt le sens des hiérarchies, de toutes les hiérarchies. Il n'y a pas de guerre dans un organisme, car aucun organe ne veut établir sa dominance sur un autre, ne veut le commander, être supérieur à lui. Tous fonctionnent de telle façon que l'organisme entier survit. Quand, dans ce grand organisme qu'est l'espèce humaine, chaque groupe humain qui participe à sa constitution comprendra-t-il qu'il ne peut avoir qu'un seul but, la survie de l'ensemble et non l'établissement de sa dominance sur les autres? Aucun d'eux n'est représentatif à lui seul de l'espèce et ne détient à lui seul la vérité.

L'insuffisance du marxisme, à mon avis, vient du fait qu'il a focalisé l'attention sur les rapports de production et les a considérés comme étant à la source des rapports humains. Il a considéré l'homme thermodynamique, l'homme producteur, alors que les structures sociales sont des « mises en formes », qu'elles ressortissent d'une information, et que les rapports de production m'apparaissent comme résultant secondairement de cette information première. C'est, pour utiliser encore une comparaison biologique, comme si le biologiste ne s'intéressait qu'au métabolisme, comme il le fit longtemps, en ignorant la structure qui en permet l'expression et dont la source se trouve dans celle des gènes du noyau. La difficulté, comme nous l'avons souligné ailleurs, vient du fait qu'il ne peut y avoir de structure sans éléments matériels et énergétiques à associer et l'on comprend que l'on confonde le plus souvent l'une avec les autres. Or, en politique, la structure qui sous-tend les rapports de production, c'est celle des systèmes nerveux humains à la recherche du pouvoir et de la dominance nécessaires à l'aboutissement du projet individuel, de préférence à celui de l'autre. Les rapports de production n'en sont qu'un des moyens d'expression fonctionnelle non négligeable mais pas exclusif. Leur donner la part essentielle dans les rapports humains, c'est retomber dans la dichotomie de l'homme producteur et de l'homme culturel; c'est obliger l'individu à abandonner son pouvoir d'organisation de ses rapports sociaux à un parti ou à des leaders inspirés, à ceux qui savent, ou plus fréquemment encore, à un conformisme conservateur des structures anciennes. C'est en conséquence le maintenir dans son seul aspect thermodynamique et croire que la seule exploitation de l'homme par l'homme se fait par l'intermédiaire des biens de production, la richesse du monde que le travailleur produit et dont il est dépossédé. Mais ce dont l'individu est dépossédé, même dans les pays socialistes contemporains, la vraie richesse qu'il pourrait produire, c'est avant tout la connaissance. Pas seulement la connaissance scientifique, ou « culturelle », mais la connaissance de lui-même et des autres qui pourrait le conduire à inventer de nouveaux rapports sociaux, à les organiser dans une forme différente de celle qui lui est imposée. Avant la quantité d'énergie absorbée et libérée par une structure vivante et le mode de distribution de la plus-value, ce qu'il est important de connaître c'est la forme, la fonction, le rôle de cette structure vivante. C'est la connaissance de cette information qui est fondamentale à acquérir, c'est la conscience d'être dans un ensemble, la participation à la finalité de cet ensemble par l'action individuelle, la possibilité pour un individu d'influencer la trajectoire du monde. Marx lui-même a fait plus pour influencer cette trajectoire que l'ensemble du travail fourni depuis par les ouvriers qui ont adopté sa doctrine. C'est sans doute parce qu'il a fourni une information nouvelle capable de comprendre et d'organiser différemment le travail humain. On pourrait même dire qu'il est l'exemple de ce que les rapports humains ne sont pas seulement des rapports de production, ou du moins qu'il ne faut pas confondre information et travail.

Le passé, le présent et l'avenir

La question du temps est impossible à aborder quand on n'est pas physicien. Mon ami Joël de Rosnay s'y est risqué autrefois dans notre revue « Agressologie » et plus récemment dans son dernier livre[1]. J'avoue franchement que l'ensemble de son argumentation ne m'a pas été entièrement compréhensible, alors que les éléments qui lui ont servi de base m'étaient connus. J'hésite à parler d'un tel sujet. Les erreurs conceptuelles y sont faciles et j'hésite aussi à m'éloigner du domaine qui est celui de mon travail journalier et que je connais bien. Si je pénètre malgré tout dans ce champ miné, c'est plus pour poser des questions que pour y répondre.

Que la conception que nous avons du temps soit celle que nous autorise notre niveau de conscience est facilement admissible. N'ai-je pas dit précédemment que nous pouvions accéder au signifiant des processus vivants sans pour autant accéder au signifié. J'imagine par exemple, dans une hypothèse de science-fiction, que l'univers soit doué d'une conscience d'être, dont la seule référence que nous pouvons en avoir ne s'obtiendra que par analogie avec celle que nous possédons nous-mêmes de notre existence. Il est compréhensible que cette

1. J. de Rosnay, *L'évolution et le temps*, Agressologie, 1965, *6*, 3 : 237-254.
Id., *Le macroscope. Vers une vision globale*, Seuil (1975).

conscience universelle n'ait pas la notion du temps telle que nous la percevons, puisque celle-ci est liée à celle de l'espace. Depuis Einstein nous savons que nous ne pouvons parler que d'un espace-temps. On ne peut plus se référer à un espace absolu et un temps universel. Les propriétés de l'espace dépendent de la vitesse que l'on met à le parcourir. Cette conscience universelle, nous en avions déjà proposé l'hypothétique hypothèse dans l'épilogue de la *Nouvelle Grille.* Nous disions que pour elle le temps et l'espace n'existaient plus, puisqu'elle était le temps et l'espace, qu'elle n'avait pas à se déplacer pendant un certain temps pour couvrir un certain espace et qu'elle était celle qui est.

Nous n'avons invoqué cette hypothèse que pour noter à partir de là que tout ensemble englobé par elle, par niveaux d'organisation, des galaxies aux systèmes solaires, des planètes aux atomes, aura un temps à l'intérieur de cet ensemble, un temps qui lui sera propre, du seul fait qu'il entre en relation avec d'autres ensembles et que ces relations demanderont un certain temps pour couvrir l'espace qui sépare. La notion du temps sera donc entièrement relative et dépendra des caractéristiques physiques de l'ensemble envisagé. A notre échelle il y aura donc un temps humain individuel, un temps de la cellule, un temps de la molécule, un temps de l'électron. De même, le temps social et le temps de l'espèce ne s'écouleront pas à la même vitesse que celui de l'individu. Chez celui-ci même, le temps de l'enfance est bien plus lent que celui de la vieillesse. Chaque homme en a fait l'expérience.

Jusque-là je ne crois pas trop m'éloigner de l'optique de J. de Rosnay. Par contre, quand il fait mention des travaux de Costa de Beauregard, l'approche devient fascinante mais beaucoup plus difficile à suivre pour moi, sans doute par insuffisance de culture mathématique et physique. Costa part de l'équivalence admise par certains entre entropie négative et information. Personnellement, cette équivalence ne m'a jamais satisfait car les processus vivants, toujours invoqués quand on parle d'entropie négative, sont une mise en forme qui n'est réalisable que par un accroissement d'entropie solaire, et j'aurais tendance à suivre l'opinion de Wiener insistant sur le fait que l'information n'est qu'information, qu'elle n'est ni masse ni énergie, bien qu'ayant nécessairement besoin de la masse et de l'énergie pour exister. Le signifié ne peut se passer du signifiant. Dire que l'information est équivalente à de l'entropie négative signifie qu'elle s'acquiert à partir de l'entropie positive et rejoint la notion que l'on peut créer de l'ordre à partir du désordre. Dans un système fermé, l'accroissement de l'entropie, du désordre, augmentera les chances de rencontre des éléments atomiques et moléculaires, et donc les chances d'apparition d'ordre. Ceci veut dire, semble-t-il, qu'avec un accroissement de l'entropie va surgir un accroissement de l'information. On aboutit à cette notion qu'un équilibre dynamique doit alors survenir entre ordre et désordre, néguentropie et entropie. On ne peut concevoir un monde entièrement néguentropique rempli d'information, car il n'y aurait plus d'entropie positive pour entretenir cette structure. Le point oméga theilhardien compris comme univers uniquement informationnel me paraît inconcevable pour une conscience humaine, ou plus humblement pour la mienne. Le problème se complique encore lorsqu'on passe de la néguentropie, qui représente en quelque sorte l'ordre, la syntaxe du message dont nous parlions dans un chapitre précédent, et ne suppose pas obligatoirement la compréhension, de la sémantique, du signifié du message. Nous retrouvons ici le problème abordé antérieurement concernant cette sémantique, qui se doit d'être émise par une conscience ayant à transmettre une information signifiante à un interlocuteur inconnu qui doit être capable de la décoder. On quitte le domaine de la science pour celui de la Foi. Comme le note de Rosnay, la néguentropie est « neutre et objective », nous dirons comme la syntaxe. L'information possède un sens « subjectif » valable pour celui qui peut la décoder, celui pour lequel elle est signifiante.

Revenons à la notion du temps. J. de Rosnay montre que nous n'avons de notion du temps que liée au principe de causalité, d'un « avant » et d'un « après » et en conséquence liée au deuxième principe de la thermodynamique à l'entropie universelle. Les informations recueillies et accumulées par notre cerveau sont elles-mêmes liées à des variations énergétiques survenues dans le milieu extérieur et soumises à l'entropie, donc à un temps unidirectionnel orienté vers le désordre croissant, la diminution de l'information. J. de Rosnay appelle ce processus processus d'observation, d'acquisition de connaissance. Notons que ce processus s'accompagne d'une « mise en forme » des voies neuronales cérébrales, de l'établissement d'une syntaxe neuronale, de la création d'un signifiant. J. de Rosnay oppose ce type d'information à ce qu'il doit être un processus inverse, transformation d'information en néguentropie, processus de création et d'action au cours duquel le cerveau au lieu de s'informer, informe, organise. J'avoue ne pas comprendre la distinction qu'il fait alors entre le temps qui « étale », actualise, où le cerveau s'informe et le temps qui « ajoute », celui de la création. Pour créer il faut en effet beaucoup de temps puisque la création ne peut résulter que de l'accumulation de l'expérience mémorisée. L'enregistrement est bien entendu rapide, alors que l'association des enregistrements dans une structure nouvelle est beaucoup plus longue, puisque résultant de l'accumulation dans le temps des faits enregistrés.

Il fait appel ensuite à la cybernétique pour nous convaincre que dans un régulateur « la flèche du temps semble se refermer sur elle-même ». Dans une régulation en effet, on peut se poser la question de savoir « si c'est la cause qui précède l'effet ou le contraire », car « la causalité circule tout au long de la boucle », alors que si l'on ouvre la boucle, si on l'étale, avec un début et une fin, on retombe sur une causalité linéaire, avec un « avant » et un « après ». Dans un régulateur il y aurait « conservation du temps ». Notons que du point de vue temporel, du fait qu'entre les facteurs et l'effet s'interpose la structure de l'effecteur, il existe généralement un « retard d'efficacité », et qu'entre l'effet et la correction des facteurs, correction nécessaire pour atteindre le but, existe une « hystérésis », deux éléments évoluant dans le temps. Mais surtout, nous avons fréquemment insisté sur le fait qu'un tel régulateur *ne fait rien.* Dans une réaction enzymatique isolée *in vitro,* quand l'équilibre est obtenu entre quantité de substrat et quantité de produit de la réaction, à une certaine échelle grossière d'observation, il ne semble plus rien survenir dans le temps. Cependant, à une autre échelle d'observation, une certaine quantité de substrat est toujours transformée en produit de la réaction et inversement ; et cela se passe *dans un certain temps,* celui des déplacements électroniques.

Enfin, les systèmes vivants sont représentés par des chaînes de servo-mécanismes, où l'activité des niveaux d'organisation, régulée, est commandée par le niveau d'organisation sus-jacent, commande extérieure au système. Elle aboutit à celle de l'ensemble organique qui évolue dans un certain espace au cours d'un certain temps.

Ainsi, la différence entre le biologiste et le physicien consiste peut-être essentiellement dans le fait que le premier, au contact journalier avec les niveaux d'organisation, eux-mêmes situés dans un système relativement clos, la biosphère, enfermée dans le système solaire, voit les choses évoluer dans le temps, l'information supportée par une entropie croissante, l'entropie solaire, alors que le physicien peut imaginer une structure d'ensemble où le temps n'est plus lié aux sous-ensembles, aux niveaux d'organisation, à l'espace, et revêt alors la même dimension que celui-ci, dans un continuum espace-temps. J'ai souvent répété que la caractéristique qui me paraissait essentielle du fonctionnement du cerveau humain était sa faculté d'imagination, celle qui le rend capable de créer de nouvelles structures. Il est probable cependant que toutes les formes vivantes, des plus simples aux plus complexes, du fait qu'elles sont capables de mémoire, c'est-à-dire d'une transformation persistante de leur structure somatique par l'expérience, sont également capables, à des degrés divers, d'une certaine imagination, c'est-à-dire d'un certain pouvoir d'anticipation. L'anticipation n'est possible que grâce à la mémorisation. Mais l'anticipation représente la possibilité de prévoir, de programmer une action dont la finalité restera de protéger la structure. Nous avons même accepté que cette anticipation, toute gonflée des déterminismes acquis et des motivations liées à la structure à maintenir, puisse être appelée liberté. Mais cette anticipation créatrice de structures imaginaires qui resteront à être éprouvées par l'expérience, se construit aussi dans le temps, non seulement celui de l'acquisition des images mémorisées, mais celui encore de leur association originale. Ce temps sera celui de la biochimie cérébrale, celui peut-être de l'électron. Et si l'anticipation s'exprime dans une action, elle le fera encore dans le temps, celui dans lequel un être humain a conscience d'agir ainsi que dans un certain espace.

Ce que nous venons d'écrire concernant la relativité du temps et de l'espace, et concernant l'information, n'est pas seulement du domaine du discours. Ces relations emplissent notre vie journalière et sont à l'origine de problèmes non résolus dont les conséquences sont importantes. Notre action en effet se réalise dans un certain espace, mais c'est aussi d'un autre espace ne se superposant pas au précédent que nous tirons les informations captées par les organes des sens. Ce dernier s'est élargi au cours des dernières décennies aux limites de la planète et même au-delà. Les informations visuelles et auditives nous parviennent de tous les coins de la terre à la vitesse des ondes électromagnétiques qui les portent. Or, le plus souvent nos moyens d'action directe individuels restent limités à un espace restreint. Nous voyons à la télévision des corps décharnés d'enfants du Sahel ou d'ailleurs mourir de faim. Que pouvons-nous faire pour y remédier ? Il ne s'agit d'ailleurs pas d'altruisme, mais l'image de la mort, d'une mort non fictive, nous rappelle que nous devons mourir. Or, nous avons montré que l'inhibition de l'action était à l'origine des perturbations les plus profondes de l'équilibre biologique. Nous avons contracté l'espace-temps dans lequel l'information nous parvient, mais nous n'avons pas le plus souvent contracté de la même manière celui dans lequel notre action personnelle peut être efficace.

De la même façon, les mass media diffusent une information qui ne peut être objective à des masses humaines passives, qui n'ont aucun moyen d'utiliser un retour actif à la source qui l'a diffusée, et celle-ci ne peut alors elle-même évoluer, s'informer en retour, se transformer.

Inversement, dans le combat corps à corps, la captation des informations, l'action et l'observation de son résultat s'établissaient dans le même espace. Aujourd'hui, un bombardier largue ses bombes d'une telle hauteur qu'il ne peut observer le détail effrayant de leur explosion et ne peut nullement en être impressionné. Et ne parlons pas des missiles porteurs de bombes atomiques qui contractent le temps de dispersion de la mort, comme l'espace qu'ils parcourent, sans que l'espace-temps de celui qui n'en possède pas soit en quoi que ce soit contracté.

Dans l'utilisation que l'Homme fait de l'espace d'autre part, il ne prend nullement en compte son équivalence avec un temps qui varie, nous l'avons dit, avec le niveau d'organisation. Ainsi, nous minéralisons l'espace dans une urbanisation désordonnée. Lorsque le temps social était lent, du fait d'une lente accumulation des informations techniques et socio-culturelles, cette minéralisation de l'espace pouvait s'accommoder du temps social. Mais aujourd'hui où le temps social s'est accéléré d'une façon considérable, nous construisons avec le temps de la matière grâce à une anticipation qui relève d'un temps individuel, pour une société qui change à toute allure, plus vite que les individus qui la composent.

Ainsi, construire l'avenir, faire de la prospective comme le proposait Gaston Berger, n'est pas chose simple. Il faut choisir un but et corriger la trajectoire de l'action à chaque seconde, comme on le fait au cours d'un tir antiaérien. Mais dans ce dernier cas la chose est relativement simple car le but est évident, bien que mobile. Au contraire, dans les perspectives humaines, le but d'aujourd'hui a fort peu de chance d'être celui de demain, car nous ne pouvons imaginer aujourd'hui un but à atteindre qu'avec les critères d'appréciation de notre société contemporaine. Nos désirs du futur ne sont que la pâle image poétisée de notre connaissance du présent. Bien sûr, nous commençons à comprendre que les lois de la balistique permettant d'atteindre un but fixe comme l'artilleur du début du siècle s'en contentait, adaptée qu'elle était au principe de causalité linéaire, n'a rien à voir avec l'exploitation de la poursuite cybernétique d'un mobile. Mais comment atteindre un but non seulement mobile, mais que notre imagination présente est incapable d'imaginer ? Un but qui ne sera pourtant que ce que notre action, à chaque seconde, le fera ? Un but situé dans tous les temps des niveaux organisationnels à la fois et que nous ne pouvons appréhender le plus souvent encore, que dans celui de la conscience humaine individuelle et non de la conscience collective qui nous échappe ? Qu'est devenu le déterminisme simpliste de Papa ? Où sont les certitudes idéologiques sectaires et rigides ? Cela ne veut pas dire d'ailleurs qu'il ne faille pas agir. Cela veut dire simplement que l'on ne peut prédire le résultat de l'action avec certitude. En conséquence, il semble prématuré de vouloir imposer cette action comme modèle universel aux comportements humains. Mais cela veut dire aussi que toute action fondée sur l'utopie a plus de chance de se révéler efficace que la reproduction balistique des comportements anciens. La seule chose dont nous puissions être sûrs, c'est qu'au niveau des sociétés humaines l'évolution existe. Mais elle nous mène vers quoi ? Et comment corriger la trajectoire ? J'ai beaucoup d'admiration pour ceux qu'aucun doute n'étreint et qui ont tout résolu avec des analyses logiques, en utilisant le canon de l'histoire et la balistique de Papa.

Dans le geste le plus simple, nous permettant d'atteindre un objet avec notre main, imagine-t-on combien de corrections successives, réalisées grâce à des processus nerveux infiniment complexes intervenant dans le temps de la milliseconde, sont nécessaires ? Le moindre geste humain ou animal orienté est un processus raffiné et dynamique essayant d'atteindre un but. Mais sommes-nous sûrs que le monde idéal que nous voudrions enfermer entre nos doigts nous attendra, telle une image fixe, pétrifiée ? Sommes-nous sûrs que pendant le geste révolutionnaire que nous ferons pour l'atteindre il ne sera pas remplacé par un autre ? La trajectoire gestuelle non corrigée ne risque-t-elle pas de rencontrer le vide ? Nos pratiques révolutionnaires sont-elles capables d'autocorrections successives pour atteindre un but qui ne sera pas celui que nous avons imaginé, mais un autre qui ne sera déjà plus le même quand il deviendra objet de nos désirs ? Et finalement, n'est-ce pas souhaitable, car la poursuite d'un but qui n'est jamais le même et qui n'est jamais atteint est sans doute le seul remède à l'habituation, à l'indifférence et à la satiété. C'est le propre de la condition humaine et c'est l'éloge de la fuite, non en arrière mais en avant, que je suis en train de faire. C'est l'éloge de l'imaginaire, d'un imaginaire jamais actualisé et jamais satisfaisant. C'est la Révolution permanente, mais sans but objectif, ayant compris des mécanismes et sachant utiliser des moyens sans cesse perfectionnés et plus efficaces. Sachant utiliser des lois structurales sans jamais accepter une structure fermée, un but à atteindre. C'est peut-être en cela que l'Homme se différencie des machines qu'il construit sur son modèle. A celles-ci il donne un but qui, comme l'a dit Couffignal, est nécessaire à l'efficacité de l'action. Mais lui, il court aveuglément vers une finalité qu'il ignore car, nous l'avons dit, sa conscience ne semble pas capable de lui fournir la sémantique du message. Il joue avec la syntaxe et fait des phrases qu'il veut toujours définitives, alors qu'elles sont toujours pleines de fautes d'orthographe, de barbarismes et solécismes. Mais aucun professeur n'est là pour le corriger en marge, à l'encre rouge, suivant les critères d'une grammaire antique, comme les copies de versions latines des enfants des lycées de ce siècle bourgeois.

Si c'était à refaire

J'avoue que je ne saurais répondre à une telle question. Qu'y aurait-il à refaire ? Ma vie ? Ou bien je renaîtrais nu comme au premier jour, avec le système nerveux vierge de l'enfant, et je serais immédiatement placé sur des rails : ceux de mon hérédité nouvelle, ceux surtout de ma famille nouvelle, de mon milieu social nouveau, et je ne referais rien. Je me laisserais faire une fois de plus, mais différemment puisque, entre-temps, tout aurait changé. Je suivrais mes rails vers une destination inconnue, si ce n'est avec la même certitude de trouver au bout d'une route plus ou moins longue la mort. Je ne referais rien puisque ce ne serait plus moi qui ferais, mais un autre, façonné par un autre milieu.

Si c'était à refaire en repartant de l'enfance avec l'acquis et l'expérience de mon âge ? Est-ce plus imaginable ? Bien sûr l'expérience, l'apprentissage permettent d'autres comportements. Mais les situations ne se reproduisent jamais. Il n'est pas sûr que je retrouverais aujourd'hui autour de moi les comportements de ceux que j'ai rencontrés dans ma vie. Mais en l'absence d'une coupure profonde dans l'évolution historique de la socio-culture depuis l'époque de mon adolescence, les pulsions humaines demeurant toutes aussi inconscientes, j'agirais moi-même avec les mêmes déterminismes inconscients qui m'ont toujours guidé au milieu de l'inconscience de mes contemporains. Si c'était à refaire ? Cela sous-entend que nous pourrions faire autre chose que ce que nous avons fait. Qu'il nous reste une possibilité de choix. Relisez le chapitre où j'ai parlé de la Liberté et vous comprendrez que, à mon avis, nous n'avons jamais le choix. Nous agissons toujours sous la pression de la nécessité, mais celle-ci sait bien se cacher. Elle se cache dans l'ombre de notre ignorance. Notre ignorance de l'inconscient qui nous guide, celle de nos pulsions et de notre apprentissage social.

Si c'était à refaire, je ferais certainement autre chose, mais je n'y pourrais rien. Je ferais autre chose parce que chaque vie d'Homme est unique, située dans un point spécifique de l'espace — temps à nul autre pareil. Mais vers ce point convergent puis de lui s'échappent tant de facteurs entrelacés, que, comme dans un nœud de vipères, il n'y a plus d'espace libre pour y placer un libre choix.

D'ailleurs consolons-nous : ce ne sera point à refaire, mais d'autres feront ce que nous n'avons pas fait, parce que notre expérience d'un temps déjà révolu, d'un passé et d'un présent éphémères, ne peut être utilisée telle quelle pour construire un avenir différent. Cette expérience, même s'il était possible de la leur transmettre intégralement, d'autres générations en feraient autre chose que ce que nous en aurions fait si nous avions eu le temps de l'utiliser. Et puis surtout, que peut-on faire ou refaire seul ? Rien d'autre que ce que les autres font avec nous. Si c'était à refaire, nous le ferions encore tous ensemble mais différemment, ce qui ne veut pas dire mieux ou plus mal, car pour juger il faut posséder une échelle de valeurs absolue et non affective, permettant de donner une note à chacune de nos actions. « Ne pas juger si l'on ne veut pas être jugé ? » Est-ce que cette phrase n'implique pas qu'il n'y a pas d'échelle de valeur humaine qui soit absolue ?

Malheureusement, ne pas juger, c'est déjà juger qu'il n'y a pas à juger.

La société idéale

Ce n'est pas être pessimiste, mais au contraire optimiste, de dire qu'elle n'existera jamais. Nous savons que nous ne pouvons imaginer qu'à partir du matériel mémorisé, de l'expérience acquise. Nous ne pouvons imaginer rien d'autre que ce que nous savons déjà. La structure neuve est faite d'éléments anciens, mais elle nous permet la découverte d'éléments nouveaux que nous ne connaissions pas, et dans l'ignorance de ces éléments nous ne pouvons imaginer qu'à courte distance, à portée de la main. On ne peut se passer de ce double mouvement pour progresser : l'hypothèse de travail fondée sur des faits connus, qui débouche sur la découverte de faits nouveaux qui, à leur tour, permettront la création de nouvelles hypothèses. Nous ne pouvons progresser que pas à pas, étape par étape, en tâtonnant. Cela veut dire que nous ne pouvons imaginer qu'une société faite à notre taille, pour ce jour, de cette année, de ce siècle. Nous ne savons pas ce que sera la société idéale de demain. Chaque société de chaque jour fut un pas vers la société du lendemain, et sans doute fut la société idéale des désirs de la veille. L'« American way of life », il y a 20 ans à peine, avait conquis le monde occidental. On parlait du défi américain. Des millions d'hommes pensaient qu'elle représentait la société idéale, les yeux fermés obstinément à ce qui en constituait déjà les multiples ferments destructeurs. A la même époque, la société socialiste était, pour des millions d'hommes qui la connaissaient mal, ou qui, la connaissant, restaient aveuglés par leur affectivité pulsionnelle sous la logique du discours, la société idéale. D'autres, déçus par la civilisation occidentale, pensent l'avoir trouvée en Inde, ou en Extrême-Orient. D'autres encore pensent que si elle n'existe pas, il est possible de la créer, en prenant en compte les erreurs du passé, en s'appuyant sur les échecs de l'Histoire. Tous demeurent dans le temps de l'Histoire, le temps relatif de l'Homme, celui de la causalité linéaire, celui de la Liberté, c'est tout comme.

Comment parler d'une société idéale alors que notre idéité est limitée à notre expérience présente. Depuis quelques années on ne parle plus de programmation, mais de prospective. Sans doute il y a là un progrès. On a compris qu'il n'est plus possible de prévoir l'avenir en poursuivant l'expérience du passé. Mais on n'a pas encore compris que l'on ne peut aussi imaginer prospectivement l'avenir qu'à partir des éléments de notre présent, ce qui veut dire que ces éléments seront toujours incomplets et que seule la marche en avant nous permettra d'en découvrir d'autres. Or, ces éléments-là changeront complètement la vue prospective élaborée dans un moment déjà révolu. Il nous est interdit de faire de la prospective. Nous devons nous contenter d'une « proximospective » pour échapper à la rétrospective. Notre rôle est limité : il ne consiste pas à imaginer une société idéale, il ne consistera jamais, pour les générations qui nous succéderont, à imaginer une société idéale, pour la simple raison que notre désir ne peut être qu'à la dimension de notre connaissance.

L'espérance n'est pas, ne peut pas être dans la réalisation d'une société idéale, planétaire, aux contours déjà tracés. Chaque génération changera ce que la génération précédente aura bâti et ce faisant déplacera l'idéal vers un but, dans une direction qu'elle ne comprendra pas. Et pas à pas, les yeux bandés, croyant toujours « bien » faire, évitant les ornières du passé, elle en rencontrera d'autres qui n'existaient pas encore. Mais elle découvrira aussi des chemins inconnus, des routes nouvelles, qu'aucune imagination ne pouvait prévoir, car elles n'existeront pas non plus quand les générations nouvelles prendront la relève et le bâton de pèlerin.

Notre rôle est limité, comme sera limité le rôle de ceux qui viendront après nous. Il consiste à perfectionner la grammaire, en sachant que nous ne pouvons comprendre la sémantique. Il consiste à avancer pas à pas vers un but que nous ignorons, en ne cessant de faire les hypothèses de travail que notre expérience croissante nous permet de formuler. Mais alors, même si nous ne comprenons pas le sens de la phrase que l'Humanité aura écrite au livre de l'Éternité, du moins aurons-nous la satisfaction croissante de nous conformer de mieux en mieux à la syntaxe cosmique, celle qui permettra peut-être un jour d'écrire sans la comprendre la phrase qui contient le secret de l'univers, au fronton de la porte de la cité humaine.

L'Histoire ne se répète jamais, car elle transforme. Le seul facteur invariant de l'Histoire, c'est le code génétique qui fait les systèmes nerveux humains. Mais ceux-ci possèdent une propriété unique : le lent déroulement du temps s'inscrit en eux par l'intermédiaire des langages. L'expérience débutante que l'Homme commence à acquérir concernant les mécanismes de ses comportements fait aussi partie de l'Histoire. Jusqu'ici l'Homme a fait l'Histoire, mais sans savoir comment. Il transformait le monde et s'étonnait de ce que le résultat ne soit pas conforme à ses désirs. Il imaginait des sociétés idéales et retrouvait toujours les guerres, les particularismes et les dominances. Il n'avait pas encore compris que le fonctionnement de son système nerveux faisait partie de la syntaxe et il accumulait les mêmes erreurs car il ignorait systématiquement une des règles fondamentales de la combinatoire linguistique : la prise en charge de l'inconscient. Une ère nouvelle, je pense, s'est ouverte pour lui avec la traduction des premières pages du Grand Livre du monde vivant. Un espoir raisonnable voudrait qu'il s'en serve non pour construire une société idéale, mais du moins une cité neuve, et qu'il ne remette pas une fois de plus en chantier les plans poussiéreux de la Tour de Babel.

Si l'utopiste est celui qui est capable d'imaginer un modèle qu'il est incapable de réaliser, je ne puis être appelé utopiste puisque je me refuse à proposer un modèle. Si un modèle doit figurer ailleurs qu'au Concours Lépine, aucun homme n'est capable d'imaginer un modèle social et de le realiser seul. Il peut sans doute convaincre un groupe restreint de mettre en pratique le modèle social qu'il propose. Mais je pense que la survie d'un isolat humain, même national, est inconcevable aujourd'hui, quand les systèmes englobants présentent des structures socio-économiques différentes de la sienne. Il lui faut donc mondialiser son système et il n'a pas seulement besoin des autres pour cela, mais encore besoin de *tous* les autres.

D'autre part, comme nous venons de le dire, même quand l'étendue et l'isolement géographique le permet, comme ce fut le cas en U.R.S.S. en début du siècle, le seul fait de mettre en œuvre la réalisation du modèle amène à la découverte de faits nouveaux que le modèle n'avait pas prévus et qui vont interdire sa réalisation. Je sais bien que certains prétendent que le stalinisme a été prévu. Mais, alors, pourquoi n'a-t-il pas été évité ? Le danger de l'histoire, c'est de faire croire après coup à une causalité linéaire qui n'existe jamais.

La seule chose que nous puissions faire, c'est accumuler les faits expérimentaux permettant de déboucher sur des lois générales auxquelles il nous faudra bien nous conformer. Faut-il que je répète une fois de plus que la prise en considération des données naissantes concernant les comportements humains en situation sociale, et les lois générales d'organisation des structures vivantes n'ayant jamais été réalisée, aucun modèle socio-économique s'arrêtant au niveau du discours logique incomplet n'est utilisable. Du moins faut-il s'attendre à ce que l'apparition de faits nouveaux vienne s'opposer à la réalisation, en ce cas réellement utopique, de ce modèle.

Cela veut dire que l'Homme n'est capable de réaliser que des modèles utopiques. Ces modèles sont irréalisables tels qu'il les a imaginés et il s'en aperçoit aussitôt qu'il tente de les réaliser. L'erreur de jugement et l'erreur opérationnelle consistent alors à s'entêter dans la réalisation de l'irréalisable, et de refuser l'introduction dans l'équation des éléments nouveaux que la théorie n'avait pas prévus et que l'échec a fait apparaître ou que l'évolution des sciences, et plus simplement encore des connaissances humaines, permet d'utiliser, entre le moment où le modèle a été imaginé et celui où la réalisation démontre son inadéquation au modèle. Ce n'est pas l'Utopie qui est dangereuse, car elle est indispensable à l'évolution. C'est le dogmatisme, que certains utilisent pour maintenir leur pouvoir, leurs prérogatives et leur dominance.

Il n'y a pas de société idéale, parce qu'il n'y a pas d'hommes idéaux ou de femmes idéales pour la faire. Si une femme croit trouver dans un homme l'homme idéal, on peut dire qu'elle manque à la fois d'expérience et d'imagination, celle-ci dépendant d'ailleurs de celle-là. Pour une femme, l'homme idéal, pour un homme, la femme idéale, ne peuvent être par définition qu'une construction imaginaire, limitée à leurs connaissances, enfermée dans leur « culture ». Plus celles-ci s'accroissent, plus l'homme idéal ou la femme idéale deviennent difficiles à rencontrer. Car cette culture n'est pas seulement faite de concepts. Elle est faite aussi de tout ce que les mots ne pourront jamais traduire. La fleur de désir ne peut être cultivée que sur l'humus de l'inconscient, qui s'enrichit chaque jour des restes fécondants des amours mortes et de celles, imaginées, qui ne naîtront jamais.

Une foi

L'Homme ne peut, par la méthode scientifique, décoder le message véhiculé par les processus vivants et par-lui même, si tant est qu'un message existe. Il peut, par un dur travail, en analyser la syntaxe, mais il ne peut en comprendre la sémantique, ni même s'assurer du fait que cet ensemble ordonné a un sens, c'est-à-dire qu'il existe une conscience émettrice à son origine, un message qui prendrait les processus vivants comme véhicule et une conscience réceptrice capable d'utiliser l'information transmise. La seule certitude à ce sujet est du domaine de la foi. Or, il n'est pas scientifique de nier ce domaine sous le prétexte que ce n'est pas celui de la Science. Mais ce domaine ne peut pas non plus convaincre avec les arguments de celle-ci. Il a d'ailleurs contre lui de se présenter sous des apparences dont le moins qu'on puisse dire c'est qu'elles sont suspectes.

Devant l'incohérence de sa vie et l'injustice de sa mort, l'Homme a cherché une explication logique avec sa logique humaine. Oppressé par l'angoisse d'un monde incompréhensible, il lui a cherché une explication que son observation ne lui fournissait pas. Il a trouvé dans le mythe une thérapeutique de son angoisse, sans se douter que ce mythe lui-même allait être la source de nouvelles angoisses au second degré. Qui peut dire ce qui fut premier, de la Foi ou de l'Angoisse ? Je serais tenté de dire que l'Angoisse fut à l'origine de la Foi. En effet, celle-ci eut longtemps et conserve encore l'énorme avantage de fournir une règle à celui qui ne peut agir car il ne sait pas. Nous avons déjà eu l'occasion de dire que pour nous l'angoisse naissait de l'impossibilité d'agir. Une des causes fondamentales de cette impossibilité d'agir est sans doute le déficit informationnel, l'ignorance des conséquences d'une action en réponse à un événement nouveau ou incompréhensible dans le langage de la causalité linéaire avec lequel l'Homme a grandi. La Foi fournit un règlement de manœuvre, une notice explicative, un mode d'emploi. Elle est donc capable de guérir l'angoisse. Mais elle est aussi susceptible d'en faire naître une autre, si elle s'accompagne d'une notion de punition au cas où le règlement de manœuvre n'aurait pas été observé. Elle fait naître l'angoisse du Péché, puni non ici-bas mais dans l'autre monde. La Foi se transforme donc rapidement en religion qui s'inscrit sur des tables de la Loi. Les dogmes sont aussi appréciés que l'angoisse est fréquente. La seule analogie que ces dogmes présentent entre eux, c'est d'être toujours à l'origine du sectarisme, d'une échelle de valeurs valable pour les seuls croyants du dogme envisagé et de la fermeture d'un système, voué dès lors à la désagrégation et à la mort. Ce sont ces mêmes raisons qui font que l'on peut trouver une source commune au dogmatisme religieux et politique, et leur trouver la même intransigeance. D'autre part, au sein des échelles hiérarchiques de dominance qui ont toujours servi de base à l'organisation des sociétés humaines, le plus grand nombre ne peut se satisfaire. Si une foi lui permet d'attendre sa récompense dans l'autre monde, il risque d'être plus conciliant dans celui-ci, de mieux supporter ses peines, de mieux accepter l'absence de gratification. Un tel mythe ne peut être qu'entretenu par les dominants qui y trouvent leur compte, puisqu'il tempère la révolte des dominés. D'où la collusion, l'entraide fréquente entre hiérarchie religieuse et hiérarchie politique, chacune demandant à l'autre de l'aider à conserver sa structure. Mais lorsque le pouvoir religieux se sécularise ou que le pouvoir politique se « mythifie », chacun voulant imposer une grille explicative aux activités humaines, grille permettant l'établissement de nouvelles échelles de dominance, l'antagonisme devient sérieux jusqu'au moment où le rapport de force se stabilise permettant une nouvelle coopération.

Et cependant, il est indéniable qu'il existe au niveau de la conscience humaine un goût du cosmique, une insatisfaction résultant de ne pouvoir conduire le discours logique vers ses origines et vers ses fins. Mais pour que ce goût du cosmique, forme sans doute élaborée de l'angoisse dont nous parlions précédemment et que l'on peut appeler, si l'on veut, angoisse existentielle, puisse naître, faut-il encore avoir le temps de penser à l'existence. On s'étonne du dépeuplement contemporain des Églises. Mais la société expansionniste laisse peu de temps pour s'y rendre. Or, quand je parle des Églises, il s'agit bien sûr non de celles occupant encore l'espace des cités, mais de celles que chaque homme peut bâtir dans sa pensée, celles où l'on reste debout et interrogateur, comme le Christ demandant au soudard qui le giflait au Sanhédrin : « Pourquoi me frappes-tu ? » et non pas celles où l'on rampe en récitant. Mais les questions n'ont jamais été bien vues par les orthodoxies politiques ou religieuses, pas plus que par les pères de famille quand elles sont posées par leurs enfants. Ils ont peur sans doute qu'une réponse insuffisante ne détruise l'image idéale qu'ils tentent d'imposer d'eux-mêmes, ou n'appelle une réponse dangereuse pour leur dominance paternaliste avec laquelle ils se gratifient.

L'éducation religieuse que je reçus ne fut jamais très aliénante, bien que parfaitement conformiste. Je n'ai découvert réellement le christianisme que plus tard et grâce à un ami qui eut sur moi une profonde influence à la fin de mon adolescence. Mais ce christianisme-là n'avait plus grand-chose à voir avec le catéchisme autoritaire et castrateur de ma première communion. Depuis, je me suis construit une image du Christ, comme je m'étais construit une image de mon père mort à trente et un ans, quand j'en avais cinq. Mon père que je n'ai jamais eu à tuer pour devenir adulte (suivant l'expression analytique) car il m'a suffi d'être lui, ou du moins d'être l'image que je m'étais faite de lui. Je n'ai jamais éprouvé de peine de la mort tragique de mon père, jeune médecin des troupes coloniales mort du tétanos à Mana en Guyane française, car tout a été fait autour de moi, inconsciemment, pour qu'il continue à vivre en moi, pour que je sois lui. Aujourd'hui encore, conscient de tout cela, mon père, ou du moins le mythe qui s'est construit en moi, est toujours présent. Il est mon œuvre et je n'ai jamais eu à me heurter au modèle.

L'image du Christ qui s'est construite en moi, c'est celle d'un ami personnel, que j'accepte bien volontiers de partager avec les autres, sachant d'ailleurs que chaque homme a son Christ à lui, même et surtout peut-être s'il le rejette ou du moins s'il rejette l'image que la niche environnementale a tenté de lui imposer. Si j'étais né en Chine quelques millénaires avant sa naissance, je n'en aurais jamais entendu parler. Il y a donc un déterminisme historique à la connaissance que j'ai de lui. Mais mon amitié pour lui a grandi surtout lorsque ma vie scientifique et sociale m'a fait comprendre que sa crucifixion ne fut rien à côté des tortures que ses protagonistes ont fait endurer depuis à son message. Ils ont encore fait de la grammaire, une grammaire intéressée et non de la sémantique. D'un ami on n'attend ni morale, ni règlements de manœuvre, ni principes, ni lois. Ce qu'on demande à un ami, c'est son amitié, et tout le reste on laisse à ses pires ennemis le soin de l'inventer. Je leur abandonne le soin d'harmoniser les évangiles avec les immortels principes de 1789 et d'organiser les polices et les armées capables de défendre les droits de l'Homme et du citoyen, avec les bases de la civilisation judéo-chrétienne. Pour moi, je me contente d'aller saluer, quand j'en ai le temps, celui qui disait à cette brave Marthe faisant la cuisine, qu'elle perdait le sien et que Marie, assise à ses pieds, écoutant sa parole, Marie qui avait choisi la connaissance, avait choisi la meilleure part, celle qui ne lui serait pas enlevée. Celui qui nous conseillait de faire comme les lys des champs qui ne filent ni ne tissent, les lys des champs qui avaient atteint déjà à son époque la croissance zéro. Celui qui chassait les marchands du temple, ce temple qui est la maison de Dieu, c'est-à-dire nous-mêmes. Celui qui aimait quand même le jeune homme riche, ce jeune homme, vous vous souvenez, qui faisait tout ce que le Christ conseillait de faire et demandait ce qu'il pouvait faire encore de plus : « Abandonne tout et suis-moi. » Le petit jeune homme n'osa pas et resta très triste. Le Christ l'aima car il était seul sans doute à le savoir enchaîné par ses automatismes socio-culturels. Celui qui demandait à son Père, sur le mont des Oliviers, de lui éviter de boire cette coupe douloureuse qui lui était tendue, jusqu'à la lie, faisant montre ainsi d'un manque total de virilité et de courage, scrogneugneu. Celui qui était venu apporter non la tristesse, mais la joie de la bonne nouvelle. Celui qui avant Freud savait que les hommes devaient être pardonnés parce qu'ils ne savent pas ce qu'ils font et obéissent à leur inconscient. Celui qui n'eut pas le secours paternaliste de Joseph, son père, au pied de la Croix (Qu'est-il devenu, celui-là ?). Celui qui s'opposait à la lapidation des femmes adultères et conseillait de ne pas juger si l'on voulait ne pas être jugé. Celui qui à quatorze ans refusait de suivre sa mère et ses frères qu'il prétendait ne pas connaître. Sainte Famille et doux Jésus ! Celui qui est venu apporter le glaive et non la paix, dresser le fils contre son père, et qui racontait des histoires invraisemblables où les ouvriers de la dernière heure étaient aussi bien payés que ceux de la première. Saintes échelles hiérarchiques ! On comprend que par la suite celles-ci aient préféré qu'une telle organisation soit valable pour l'autre monde mais surtout pas pour celui-là ! Celui du sermon sur la Montagne (Heureux ceux qui... Heureux ceux qui...), sermon qui tranchait si complètement avec les commandements et les « garde à vous » ! d'un Dieu vengeur. Comment, à partir d'un tel poème, a-t-il pu naître un système aussi primitif de coercition dominatrice ?

Je ne puis savoir jusqu'à quel point mon éducation chrétienne, bien que bâclée, a pu influencer ma pratique professionnelle, bien que dans mon discours logique et conscient je me refuse à établir des relations entre les deux domaines. Ces relations existent certainement, mais ce n'est que plus tard qu'a commencé ma vie scientifique et non plus simplement professionnelle. C'est elle qui m'a fourni les interprétations qui me manquaient, aussi bien de mon propre comportement que de celui de mes contemporains. Jusque-là je n'avais fait qu'exprimer tant bien que mal la soupe de jugements de valeurs que la socio-culture avait laborieusement mise en place dans mon système nerveux. J'étais plus ou moins récalcitrant, mais finalement conforme. Et c'est curieusement par l'intermédiaire de ma discipline scientifique que j'ai retrouvé cet ami lucide, ce Christ poétique et asocial, qui attend depuis deux mille ans que ceux qui comprennent veuillent bien comprendre, que ceux qui ont des oreilles veuillent bien entendre. Mais, me direz-vous, est-ce bien à votre discipline scientifique que vous devez de l'avoir rencontré, et comme il le disait lui-même, l'aurais-je jamais cherché si je ne l'avais pas déjà trouvé ? La Science des Sciences, celle des structures, l'esthétique, le vade-mecum le plus complet que j'en connaisse, ce sont pour moi les Évangiles. Ils m'ont permis d'ignorer les marchandages, le pari attristant de Pascal, ce donnant, donnant de petits boutiquiers entre cette vie et la vie éternelle. Je n'attends pas de mon ami qu'il me ressuscite et assure ma promotion sociale dans un autre monde.

A un ami, on ne demande et on ne donne que de l'amitié. Mais qu'est-ce que l'amitié ? Ne serait-ce pas, pour deux hommes situés dans le même espace, d'être chacun pour l'autre objet de gratification, et cela est-il possible en dehors de l'absence entre eux d'un désir de dominance, comme de l'acceptation d'une soumission ? N'exige-t-elle pas une communication sans langage logique, langage qui déforme et trahit tout ; n'exige-t-elle pas des finalités s'inscrivant dans celle d'un même ensemble, une découverte pratique de l'un par l'autre en dehors de règles imposées, dans un territoire où il n'y a pas de compétition, car il n'est pas de ce monde, mais de celui de l'imaginaire.

C'est un lieu commun de dire que la Science a tué la Foi, qu'elle a tué les anciens Dieux. Il est exact qu'elle a remplacé la Foi dans la thérapeutique de l'angoisse. L'Homme attend d'elle qu'elle le rende immortel, dans ce monde et non dans l'autre. Mais la déception est proche car la Science vit dans le siècle et si elle résout certains problèmes matériels de l'homme, elle n'apporte pas de solution à sa destinée. Nous l'avons dit, elle ne donne pas de « sens à la vie ». Elle se contente de l'organiser. Ou si elle lui donne un sens, c'est de n'en avoir aucun, d'être un processus hasardeux et hautement improbable. Et pourtant, bien des faits dits scientifiques nous montrent que le hasard comme la Liberté commence avec notre ignorance. Mais cet univers ordonné que nous découvrons, est-il le seul ? Le tragique de la destinée humaine ne vient-il pas de ce que l'Homme comprend qu'il en connaît assez pour savoir qu'il ne connaît rien de sa destinée, et qu'il n'en connaîtra jamais suffisamment pour savoir s'il y a autre chose à connaître.

Mais s'il y a autre chose à connaître, ce n'est certainement pas dans les catéchismes, de quelque obédience qu'ils soient, que nous l'apprendrons. Lazare, le ressuscité, n'a rien demandé, il a reçu. Je m'en voudrais de demander au Christ de calmer mon angoisse. Nous n'avons rien fait pour calmer la sienne. Je lui demande simplement d'accepter d'être tel que je l'imagine, c'est-à-dire tel qu'aucun homme n'a jamais été et non comme l'Histoire a essayé de me l'imposer. Je crois qu'il est seulement celui qui comprend, au sens étymologique du terme. Un catéchisme a-t-il jamais compris quelque chose ?

Beaucoup de chrétiens aujourd'hui se rallient à la doctrine marxiste. Beaucoup de chrétiens en effet se rendent compte de ce que depuis les temps anciens des premiers martyrs, l'établissement ecclésiastique a signé des concordats successifs avec le pouvoir lorsqu'il n'a pas pu l'exercer lui-même. Il s'est rallié aux dominants de toutes les époques, alors que le Christ s'est promené à travers le monde en ralliant autour de lui les faibles et les dominés. Le discours logique des Églises est simple : le royaume du Christ n'étant pas de ce monde, n'essayons pas de changer quoi que ce soit aux échelles de dominances terrestres et préparons celles de l'au-delà. On se demande même pourquoi dans ce cas le Christ s'est incarné : rien à faire avec la carne, travaillons pour le pur esprit, ce qui laisse aux pharisiens et aux sanhédrins de toutes les époques le champ libre pour exercer leur pouvoir par l'exploitation et la torture. Sachons souffrir, cela nous sera rendu au centuple dans l'autre monde. On nous conseille ainsi l'Imitation de Jésus-Christ, alors qu'un autre discours logique pourrait tout aussi bien aboutir à cette idée évidente que la vie et la mort du Christ sont l'exemple de ce dont est capable tout pouvoir établi, donc un exemple à ne pas renouveler. En conséquence, les paroles et la mort du Christ nous pousseraient essentiellement à lutter contre ces riches qui entreront au ciel plus difficilement qu'un chameau ne passerait par le chas d'une aiguille et à tout faire pour que ces justes qui détiennent la vérité et le pouvoir disparaissent à jamais de la collectivité humaine.

Les chrétiens marxistes ont trouvé dans Marx la description de certains mécanismes aboutissant à l'exploitation de l'homme par l'homme et ils ne peuvent faire autrement qu'être séduits par la similitude des objectifs poursuivis. Mais immédiatement on les accuse de désacraliser le sacré, de politiser le transcendantal, de ramener sur terre ce qui se trouvait fort bien dans l'au-delà parce qu'il n'y gênait personne. Certains chrétiens même, en paroles, brandissant l'étendard d'un gauchisme à la mode, des trémolos dans la voix et sans pour autant quitter un monde où ils se trouvent fort bien, car leur avancement hiérarchique n'est nullement compromis, se donnent des allures de grands mystiques contemporains, de saint Jean de la Croix du moteur à explosion, et font la leçon à ces chrétiens marxistes qui seraient en train de détruire ces bonnes églises du passé, où les marchands chassés du temple sont revenus dare-dare, dès que le Christ eut le dos tourné, croître et proliférer. Nous connaissons leurs arguments : le marxisme (qui les gêne beaucoup vraiment) est une idéologie dépassée, qui n'a débouché que sur le stalinisme, et le mépris total de la personnalité humaine (ce disant, c'est à la leur qu'ils pensent car il serait dommage de la mépriser). Notez au passage que l'idéologie chrétienne a elle-même débouché sur l'Inquisition, les guerres de religion, les croisades, et la main-forte prêtée à l'établissement de tous les impérialismes quels qu'ils soient. Ils ne savent sans doute pas que les dogmes d'où qu'ils viennent sont toujours interprétés par des hommes, inconscients de leurs pulsions dominatrices, de leur besoin narcissique de se faire valoir, et surtout inconscients de l'apprentissage des socio-cultures qui imprègne jusqu'à la dernière des molécules de leur système nerveux. Il m'arrive parfois de rencontrer ou d'observer, à la télévision par exemple, certains de ces grands mystiques contemporains touchés par la grâce. Très vite, malgré souvent l'élégance et l'attrait de leur discours (le seul que l'on puisse entendre d'ailleurs, car s'ils ont des contradicteurs ils ne leur laissent pas placer un mot), j'essaie de fixer mon attention sur leurs attitudes, leurs gestes, leur visage, leur regard, leur voix, pour tenter, derrière le discours, de découvrir la motivation, l'angoisse cachée, l'incertitude, sous l'enveloppe organique du personnage. Je me demande parfois si une psychanalyse pourrait les aider à se mieux découvrir. Il est rare que je ne ressente pas pour eux une grande pitié, avec tout le contenu d'agressivité que ce mot contient. Pitié, sentiment aussi suspect que l'amour. Vous souvenez-vous de ce film d'avant-guerre que j'ai beaucoup aimé et qui s'intitulait « Les verts pâturages » ? A la fin, le Dieu à trique, le Yahvé irascible et vengeur, assis sur son nuage assiste à sa propre crucifixion en la personne de son fils, sur une lointaine planète appelée Terre. Il a très mal, ce qui paraît normal, et au moment où sa seconde personne pousse son dernier soupir, son visage se détend et il prononce ces quelques mots : « C'est donc cela la pitié ! »... ou quelque chose d'approchant. N'étant pas Dieu le père, j'aurais tendance à n'éprouver ce sentiment que lorsque je suis impuissant à réagir contre mon intolérance en même temps que je ne puis imposer ma dominance en idées. La Pitié permet à celui qui l'éprouve de se retrouver en situation de dominance subjective et de placer celui qui en est l'objet en position de dépendance. C'est un sentiment réconfortant. Mais ne devrions-nous pas être plutôt envahis d'une certaine tendresse pour celui qui tente de convaincre les autres, même avec suffisance, afin de se convaincre lui-même ? Car il n'y aurait pas d'angoisse sans déficit informationnel, et sans angoisse, pas de certitude mythique à faire partager.

Pour exprimer ce que je pense concernant le Christiano-Marxisme, je voudrais une fois encore exploiter la comparaison linguistique que j'ai déjà utilisée en répondant à la question « Le sens de la Vie ». J'ai essayé de vous convaincre alors de ce que la sémantique du message vivant était du domaine de la Foi car l'Homme ne pouvait y atteindre raisonnablement. Je crois que le Christ fournit cette sémantique mais j'ai dit plus haut pourquoi je n'avais aucune preuve à vous donner et que je répugnais à faire appel, pour vous convaincre, à cette angoisse qui habite obscurément tout homme, si on lui laisse le temps d'être conscient. Cette angoisse rend toute Foi suspecte et c'est malheureusement sur elle que se sont appuyées toutes les religions. Angoisse qui suinte à travers les murs de ces prisons que sont l'injustice, la souffrance et la mort. L'astuce du Christ, c'est de s'être incarné, d'avoir apporté la sémantique sur un message, un signifiant que nous pouvions comprendre. Malheureusement, le signifiant varie avec les époques de l'évolution humaine, alors que le signifié n'a pas changé. C'est ainsi qu'on peut exprimer la même idée dans plusieurs langues. Le message est intimement lié à l'étendue de nos connaissances. C'est sans doute pourquoi il a parlé par paraboles, son signifiant, à l'époque, ne pouvant faire appel aux notions de plus-value, de luttes de classe et de rapports de production. Marx s'est occupé au contraire exclusivement de syntaxe, du signifiant. Il a d'ailleurs utilisé l'alphabet et la grammaire de son temps auxquels il manquait des lettres et des règles, que la biologie comportementale, la notion d'information, la théorie des systèmes et les mathématiques modernes ont, depuis, considérablement enrichis. Mais il ne répondait qu'imparfaitement à l'angoisse existentielle, du fait même que son message n'était qu'un message à prétentions scientifiques, donc en principe continuellement révisable. Or, ses épigones avaient tellement besoin d'un mythe consolateur qu'ils ont déifié Marx et se sont comportés avec son œuvre comme les théologiens s'étaient comportés avec les Évangiles. D'analyses en analyses ils en ont tiré ce que leur inconscient frustré voulait y trouver, et d'ailleurs le signifiant torturé fut un levain aussi fertile que l'avait été le signifié des Évangiles, une source de violences et de dominations sociologiques, économiques et politiques. Cette source n'a pas coulé de l'analyse du signifiant marxiste mais de la recherche désespérée d'un signifié, du sens que les marxistes ont voulu de toute force lui trouver. Ils ont cherché à en faire sortir le « sens » de la vie humaine, mais ils n'ont pu à partir de cet *homo faber* marxiste, de cet homme producteur d'outils et de marchandises, de ses rapports de production, trouver une origine au message, non plus que la sémantique dont il était le support, support que l'apport marxiste avait logiquement organisé. Ils n'ont pas plus trouvé le destinataire capable de le décoder. Les hommes sont restés sur leur faim en découvrant un règlement de manœuvre sans participer aux décisions de l'état-major mystique. Inversement, les chrétiens en possession du signifié christique ont cherché dans le signifiant marxiste une matière plus contemporaine sur laquelle travailler, un monde présent plus apte que celui des paraboles à véhiculer leur signifié. D'où, je crois, la rencontre marxo-christique contemporaine. Mais on peut encore se demander s'il est possible de faire coïncider le réel et l'imaginaire, l'œuvre et le modèle. Car le signifié que nous croyons découvrir aujourd'hui dans le message du Christ est celui que nos connaissances actuelles du signifiant nous permettent de comprendre. Cependant, le phénomène le plus troublant, c'est que cet imaginaire incarné, *qui en conséquence ne peut être autre chose que ce que nous sommes,* puisse contenir un invariant suffisamment essentiel pour, toujours et partout, guérir l'angoisse congénitale de l'Homme.

Et puis encore...

Soleil ! Infime étoile d'une galaxie perdue au sein des galaxies sans nombre, qui tournoient, naissent et disparaissent depuis l'explosion du noyau originel ; explosion qui projeta le monde jusqu'aux lointains courbes ; monde fini mais qui ne cesse pourtant de croître, Soleil ! Seule source de vie sur ce caillou glacé que serait sans toi la terre que voilà. Soleil ! Tu rayonnes et tout bouge, tout s'anime. Le peuple des atomes s'agite sous ta chaude lumière et de sa révolution naît un nouveau peuple, celui des molécules qui se cherchent et s'unissent suivant des lois obscures, comme un homme et une femme perdus dans une foule se rencontrent et s'aiment, se reproduisent et se perpétuent. Les êtres sont là, ils sont devenus forme. De l'énergie, la matière est née, et de cette matière, parcelles incroyables et fragiles, les premières molécules vivantes, capables d'assimiler le monde inanimé dans leur image et de le soumettre à sa reproduction. Ce caillou peut bien avoir la taille d'un grain de blé ou celle d'un pic neigeux, il ne reproduit en lui-même que l'association morne et sans joie des mêmes atomes dans les mêmes molécules. Solide comme un roc il demeure, alors que les êtres, instables et en eux-mêmes sans cesse recommencés, naissent, grandissent et meurent pour retourner, atomes et molécules n'appartenant plus à personne, au pool commun de la matière organisée. D'autres êtres s'en empareront pour construire leur édifice. Mais de la naissance à la mort, aucune de ces pierres ne restera définitivement en place et elles seront sans cesse renouvelées.

Forces et choses vous n'êtes qu'un. Matière et énergie, c'est tout comme. Vous changez sans cesse, et d'état et de forme. De forme car c'est l'énergie qui met la matière en forme, qui l'informe. Grains de matière ou d'énergie, vous ne vous assemblez au hasard que du fait de notre ignorance du code civil auquel vous vous soumettez. Mais jamais l'espace et le temps ne sont libres autour de vous ; vous les asservissez à vos lois. Et ces lois de la mise en forme, celles de l'information structurante, figent la matière et l'énergie quelque temps dans certains rapports privilégiés.

Homme ! Avec ce peu de matière dans laquelle est sculptée ta forme, tu résumes toute l'histoire du monde vivant. Comme une cathédrale pour laquelle les bâtisseurs se sont succédé au cours des siècles, les millénaires ont participé à la construction de ton cerveau. Il conserve encore dans ses fondations l'architecture romane simple et primitive qui est celle du cerveau des poissons et des reptiles. Quand ceux-ci apparurent, il leur fallut d'abord survivre. L'atmosphère était chaude et humide, le ciel grondait d'orages. Les plantes et les fleurs, les arbres et leurs troncs épais s'étaient déjà épanouis sous la chaude puissance du soleil, source de toute vie ici-bas. Pour construire leur propre corps, ils mangèrent ces herbes et ces plantes qui n'étaient autres que du soleil transformé, de la matière organisée grâce à son énergie. Ils durent aussi se reproduire. Ils possédaient sur les plantes un immense avantage, celui de pouvoir se déplacer, de pouvoir parcourir l'espace, alors que les plantes ne pouvaient pas bouger. Les plantes devaient attendre un vent complaisant ou un insecte volage pour porter leur semence de fleur en fleur. Elles devaient se contenter de la terre où leurs racines plongeaient pour organiser leur propre matière vivante. Les animaux, eux, étaient mobiles, grâce à leur système nerveux. Incapables de faire comme les plantes, de transformer la lumière du soleil en leur propre structure, ils se nourrirent de l'énergie solaire en absorbant les plantes qui avaient emprisonné sa lumière dans leur forme. Leur système nerveux répondait ainsi à leurs besoins fondamentaux. Il leur indiquait, grâce aux organes des sens, où se trouvait l'eau de la source à boire, l'herbe ou l'insecte à dévorer, la femelle à laquelle s'accoupler. Leur système nerveux leur permettait donc d'agir dans un espace. Mais ce faisant, ce système nerveux ne faisait qu'obéir aux désirs de l'ensemble de cette société cellulaire qu'était leur propre corps. Car celui-ci était déjà l'œuvre d'une longue évolution qui avait pris naissance longtemps avant, au sein des océans, et avait réuni des cellules isolées en colonies compactes. Comme dans toute société, la spécialisation des fonctions était apparue. Certaines cellules s'occupèrent d'absorber, de transformer et de stocker les aliments pour les distribuer ensuite à l'ensemble des cellules de la colonie suivant leurs besoins, variables avec le travail fourni. D'autres s'occupèrent de permettre, par leur mouvement, le déplacement de l'ensemble de la colonie, vers le refuge protecteur ou la proie alimentaire. Fuir ou attaquer pour se défendre, chercher l'aliment pour se nourrir, l'animal de l'autre sexe pour se reproduire, toutes ces actions étaient mises en ordre par le système nerveux primitif, bien incapable par ailleurs d'élaborer une autre stratégie que celle pour laquelle il avait été programmé dans l'espèce.

De nombreux millénaires s'écoulèrent encore avant que les piliers de la cathédrale nerveuse ne s'enrichissent de la voûte et des arcs-boutants que lui donnèrent les premiers mammifères. C'est dans ces superstructures qu'ils stockèrent l'expérience, la mémoire de ce qui se passait autour d'eux, des joies et des peines, des douleurs passées et de ce qu'il fallait faire pour ne plus les retrouver. De ce qu'il fallait faire aussi pour retrouver sans cesse le plaisir, le bien-être et la joie. Bien sûr, ils n'avaient pas le choix. Il leur fallait vivre ou mourir et la motivation restait la même : survivre. Mais pour l'assouvir, les gestes simples, seuls autorisés jusque-là par le système nerveux primitif, se compliquèrent de toute l'expérience acquise au cours de sa vie par l'individu, capable même par son exemple de la transmettre à ses descendants. L'espace où il se trouvait, où il trouvait à se gratifier, grâce à la présence dans cet espace de choses et d'êtres nécessaires à sa survie, devint son territoire, et comme il avait besoin des choses et des êtres qui s'y trouvaient pour survivre, ces choses et ces êtres devinrent ce que l'homme plus tard appela la propriété. Vivre ou mourir. Ainsi, pour vivre les animaux agissent dans l'espace sur les êtres et les choses qui le peuplent pour assurer le maintien de leur structure, c'est-à-dire le maintien des rapports particuliers unissant les atomes en molécules et les molécules entre elles en cellules, en organes, les organes en systèmes, le tout aboutissant à la structure d'ensemble de l'être qu'elle met en forme. Avec la mémoire, l'action n'est plus isolée dans le présent, elle s'organise à partir d'un passé révolu mais qui survit encore, douloureux ou plaisant, à fuir ou à retrouver, dans la bibliothèque de la cathédrale nerveuse.

Mais l'œuvre était inachevée. Il fallait encore y ajouter les tours et les hauts clochers, capables de découvrir l'horizon du futur, d'imaginer et de prévoir. Cela se fit lentement, progressivement, et aboutit au modelage du crâne humain avec son front droit, qui s'est dressé lentement au cours des siècles, en partant du front fuyant des grands singes anthropoïdes. Derrière ce front, les lobes orbito-frontaux furent le local privilégié où les images mémorisées montant des aires sous-jacentes purent se mélanger, s'associer de façon originale, permettant la création de nouvelles formes et de nouvelles structures. Il restait à savoir si le monde approuverait ces structures imaginaires. L'action permit de s'en assurer. L'expérimentation permit de contrôler l'exactitude des hypothèses ou de contrôler au contraire qu'elles n'étaient pas utilisables dans la recherche de la survie.

Mais à mesure que la cathédrale s'élevait, le monde de la matière s'élevait aussi autour d'elle. Des générations avaient accumulé sur le champ primitif des matériaux nouveaux. Petit à petit les fondations romanes avaient disparu dans le sol et l'on ne savait même plus qu'elles avaient existé. La voûte elle-même accumulait les souvenirs sans savoir qu'ils s'entassaient suivant un ordre que ceux du haut du clocher ne pouvaient pas connaître. Et ces derniers, seuls à voir encore le paysage, ne savaient pas qu'au-dessous d'eux un monde ancien de pulsions et d'expériences automatisées continuait à vivre. Ils parlaient. Ils parlaient d'amour, de justice, de liberté, d'égalité, de devoir, de discipline librement consentie, de sacrifices, parce qu'ils voyaient au loin l'espace libre dans lequel ils pensaient pouvoir agir. Mais ils étaient seuls, isolés près de leurs cloches, sonnant la messe et l'angélus, sans savoir que pour sortir de leur clocher ils devaient redescendre dans la bibliothèque des souvenirs automatisés et passer par les fondations enfouies de leurs pulsions. Et là nul souterrain n'avait été prévu par l'architecte primitif pour ressortir à l'air libre. Les marches même de l'escalier, vermoulues, ne permettaient plus de revenir en arrière dans le temps et l'espace intérieur. Ils étaient condamnés à vivre dans le conscient, le langage conscient, le langage logique, sans savoir que celui-ci était supporté par les structures anciennes qui l'avaient précédé.

Et l'homme se mit à crier dès les premiers âges : « Espace, c'est en ton sein que je veux construire ! C'est en ton sein que je veux toucher et sentir. C'est en toi que je dois vivre ! Bacchus, Éros, dieux du vin et de l'amour, donnez-moi la grappe et le sein que j'écraserai sous mes doigts, le sexe et le vin, le plaisir et la joie. Et si quelqu'un d'autre veut profiter avant moi des biens de cet espace, que Mars me soit favorable et me donne la victoire ! Espace, c'est encore en toi que mon bras se détendra pour assaillir mon frère et m'assurer la dominance. Espace, en naissant je ne te connaissais pas. Mais mes mains et mes lèvres, à tâtons, ont découvert le sein maternel qui a comblé de son lait ma faim et ma soif. Dans l'apaisement du plaisir retrouvé, mon oreille a entendu le son de la voix câline de ma mère et j'ai senti l'odeur fraîche et le contact de sa peau. Ce fut elle le premier objet de mon désir, la première source qui m'abreuva. Et quand mes yeux étonnés ont découvert autour d'elle, que je ne croyais qu'à moi, que je croyais être moi, le monde, j'en ai voulu au monde qui semblait pouvoir me la prendre. La crainte de perdre la cause de mon plaisir me fit découvrir, avec l'amour, la jalousie, la possession, la haine et l'angoisse. » Voilà ce que dit l'homme en son langage.

Mais l'angoisse était née de l'impossibilité d'agir. Tant que mes jambes me permettent de fuir, tant que mes bras me permettent de combattre, tant que l'expérience que j'ai du monde me permet de savoir ce que je peux craindre ou désirer, nulle crainte : je puis agir. Mais lorsque le monde des hommes me contraint à observer ses lois, lorsque mon désir brise son front contre le monde des interdits, lorsque mes mains et mes jambes se trouvent emprisonnées dans les fers implacables des préjugés et des cultures, alors je frissonne, je gémis et je pleure. Espace, je t'ai perdu et je rentre en moi-même. Je m'enferme au faîte de mon clocher où, la tête dans les nuages, je fabrique l'art, la science et la folie.

Hélas ! Ceux-là même je n'ai pu les conserver pour moi. Je n'ai pu les conserver dans le monde de la connaissance. Ils furent aussitôt utilisés pour occuper l'espace et pour y établir la dominance, la propriété privée des objets et des êtres, et permettre le plaisir des plus forts. Du haut de mon clocher, je pouvais découvrir le monde, le contempler, trouver les lois qui commandent à la matière, mais sans connaître celles qui avaient présidé à la construction du gros œuvre de ma cathédrale ; j'ignorais le cintre roman et l'ogive gothique. Quand mon imaginaire était utilisé pour transformer le monde et occuper l'espace, c'était encore avec l'empirisme aveugle des premières formes vivantes.

Les marchands s'installèrent sur le parvis de ma cathédrale et c'est eux qui occupèrent l'espace jusqu'à l'horizon des terres émergées. Ils envahirent aussi la mer et le ciel, et les oiseaux de mes rêves ne purent même plus voler. Ils étaient pris dans les filets du peuple des marchands qui remplissaient la terre, la mer et l'air, et qui vendaient les plumes de mes oiseaux aux plus riches. Ceux-ci les plantaient dans leurs cheveux pour décorer leur narcissisme et se faire adorer des foules asservies.

Le glacier de mes rêves ne servit qu'à alimenter le fleuve de la technique et celle-ci alla se perdre dans l'océan des objets manufacturés. Tout au long de ce parcours sinueux, enrichi d'affluents nombreux, de lacs de retenue et du lent déroulement de l'eau qui traversait les plaines, les hiérarchies s'installèrent.

Les hiérarchies occupèrent l'espace humain. Elles distribuèrent les objets et les êtres, le travail et la souffrance, la propriété et le pouvoir. Les plumes bariolées des oiseaux de mes rêves remplissaient l'espace au hasard comme le nuage qui s'échappe de l'oreiller que l'on crève avec un couteau. Au lieu de conserver la majestueuse ordonnance de la gorge qui les avait vus naître, elles s'éparpillaient au hasard, rendant l'air irrespirable, la terre inhabitable, l'eau impropre à tempérer la soif. Les rayons du soleil ne trouvèrent plus le chemin qui les guidait jusqu'au monde microscopique capable de les utiliser pour engendrer la vie. Les plantes et les fleurs asphyxiaient, les espèces disparurent et l'homme se trouva seul au monde.

Il se dressa orgueilleusement, face au soleil, trônant sur ses déchets et sur ses oiseaux morts.

Mais il eut beau tendre les bras, et refermer ses doigts sur les rayons impalpables, nul miel n'en coula.

Et du haut du clocher de ma cathédrale je le vis s'étendre et mourir. Le nuage de plumes, lentement, s'affaissa sur la terre.

A quelque temps de là, perçant le tapis bariolé dont il l'avait recouverte, on vit lentement poindre une tige qui s'orna bientôt d'une fleur. Mais il n'y avait plus personne pour la sentir.

DU MÊME AUTEUR

Aux Éditions Gallimard

BIOLOGIE ET STRUCTURE

Aux Éditions Robert Laffont

LA NOUVELLE GRILLE

ÉLOGE DE LA FUITE

Impression Bussière à Saint-Amand (Cher),
le 6 mars 1990.
Dépôt légal : mars 1990.
1er dépôt légal dans la collection : février 1985.
Numéro d'imprimeur : 624.
ISBN 2-07-032283-1./Imprimé en France.

48709